党綱領の未来社会論を読む

不破哲三

日本共産党中央委員会出版局

本書は、『月刊学習』２０１８年5月号から7月号に連載された「党綱領の未来社会論を読む――マルクス生誕二〇〇年の記念の年に」をまとめたものです。若干の字句の加筆・訂正を行いました。

目　次

〔連載第一回〕

［連載第一回］

はじめに

この連載の主題は、日本共産党綱領の未来社会論——具体的には党綱領の第五章「社会主義・共産主義の社会をめざして」です。

今年（二〇一八年）は、マルクス生誕二〇〇年にあたる年です。日本共産党綱領の未来社会論を読みながら、そこにマルクスの理論がどう生きているか、二一世紀の日本と世界の情勢の発展に即して、マルクスの見地のどのような現代化がはかられているか、を勉強してゆきたいと思います。

マルクスの未来社会論を復活・発展させた党綱領改定（二〇〇四年）

私の若いころは、未来社会論——といっても、「未来社会」という呼び方は当時はありませんでした——、資本主義を乗り越えた後の将来社会についての話では、「社会主義」と「共産主義」という二つの段階があって、低い発展段階の「社会主義」段階では、「能力に応じて働き、労働に応じて分配する」が社会の原則となる、「共産主義」はより高い段階の名称で、そこでは、「能力に応じて働き、必要に応じて分配する」という原則に変わる、つまり、その段階では、生産力が大発展して、生産物がすべての人に「必要に応じて」分配できるほど豊かになる、将来社会のこういう二段階発展論が常識中の常識となっていました。マルクス主義経済学のどんな本を取っても、社会主義のどんな解説書を読んでも、将来社会の解説では必ずこの見方が出てきたものです。

しかし、この見方は、マルクス本来の未来社会論とは、まったくちがったものでした。だいたい、マルクス、エンゲルス自身、「共産主義」と「社会主義」を同じ意味の言葉として使ってきました。マルクスの『資本論』には、資本主義以後の将来社会についての話が無数に出てきて、その呼び名は自由闊達《じゆうかつたつ》ですが、そのなかで、「共産主義社会」という言葉が二回出てきます。この時期には、「社会主義」の言葉は登場しませんが［★］、その後、エンゲルスの『空想から科学へ』や『反デューリング論』では、将来社会はどこでも「社会主義」の呼び名で紹介されます。その背景には、当時、ドイツなどに社会主義をめざす政党が活動を始め、この言葉が運動の目標として一般化してきた、という事情がありました。マルクスも、『空想から科学へ』のフランス語版に「序文」（一八八〇年）を書いたときには、「社会主義」の呼び名を使いました。

★　マルクスが活動を始めた時代には、『共産党宣言』（一八四八年）のなかで列挙して批判しているように、「社会主義」を名乗る流派がいろいろありました。しかし、当時も、「社会主義」の言葉そのものを否定したわけではなく、一八五〇年に執筆した『フランスにおける階級闘争』では、「革命的社会主義」、すなわち「共産主義」という言い方もしています（マルクス＝エンゲルス全集⑦八六ページ）。

二人にとっては、「社会主義」も「共産主義」も、資本主義以後の将来社会を表わす二つの名称で、その間に区別はなかったのです。

では、「社会主義」と「共産主義」を区別する二段階発展説は、どこから出てきたのか。

実は、そのおおもとは、レーニンの著作『国家と革命』にありました。これは、レーニンが、一九一七年の十月革命の直前、弾圧を避けてフィンランドに移動したときに書き、革命の直後に発表した著作です。レーニンは、そのなかで、マルクスの論文「ゴータ綱領批判」（一八七五年、古典選書『ゴータ綱領批判／エルフルト綱領批判』新日本出版社）を根拠として、将来社会を生産物の分配方式に応じて発展の低い段階と高い段階に分け、低い段階では「労働に応じて」が分配の原則となり、高い段階では「必要に応じて」が原則となる、という二段階発展論を展開したのでした。

スターリンは、それをひきついだ上で、一九三四年の第一七回党大会への報告で、低い段階を「社会主義社会」、高い段階を「共産主義社会」と呼ぶ用語法を発表し、次いで一九三六年、ソ連社会の発展段階をそれにあてはめて、〝わがソビエト社会は、すでに共産主義社会の第一段階、すなわち社会主義を実現した〟と宣言しました［★］。これ以後、未来社会の低い段階を「社会主義」、高い段階を「共産主義」と呼ぶ用語法が、世界の共産主義運動の支配的な定説となってきたのです。わが党の場合にも、一九六一年、第八回党大会で採択した党綱領に、二段階発展説がとりいれられました。

★　**スターリンの宣言**　ソ連の憲法を採択した臨時ソビエト全国大会での報告（一九三六年一一月二五日）。このとき、憲法にもそれに対応する次の規定が盛り込まれました。「ソ連邦においては、『各人からはその能力に応じて――各人にはその労働に応じて』という社会主義の原則が行なわれる」（第一二条）。

しかし、レーニンのこの二段階発展説は、マルクスの理論についてのまったくの誤解にもとづくものでした。レーニンが根拠とした「ゴータ綱領批判」は、マルクスが、ドイツの党内に持ち込まれたラサール主義［★］の誤りの批判のために書いた論文です。将来社会の分配方式をめぐる論及も、〝「公正な分配」の実現にこそ社会主義の根本問題がある〟

党本部での学習会で「『ゴータ綱領批判』の読み方　マルクス・エンゲルスの未来社会論」と題して講義する不破哲三議長（当時）＝2003年８月18日、党本部

としたラサール主義の誤った議論を批判するために書いた文章でした。ラサール派が「公正な分配」をその社会主義論の一枚看板にしていることを批判して、「公正な分配」と言っても、社会発展の状況によって変化するものだよ、それを社会主義の最大の目標にするのは大間違いだ、ということをドイツの党に教えたのです。だから、マルクスは、その批判を締めくくった文章で、社会主義の根本問題は生産の問題、生産手段の社会化の問題にあるのであって、〝社会主義を、主として分配を中心として叙述する誤りに陥ってはならない〟という念押しの注意書きを、わざわざ書き加えていたのでした（同前古典選書三一～三二ページ）。

★**ラサール主義**　ラサール、フェルディナント（一八二五～六四）は、ドイツの労働運動の指導者で、全ドイツ労働者協会（一八六三年）の創設者。〝プロイセンのビスマルク政権と協力してブルジョアジーとたたかう〟という親ビスマルク路線をはじめ、いろいろな誤った傾向を運動にもちこみ、その克服はドイツの労働者運動の大きな課題となりました。

レーニン、スターリンの二段階発展論は、マルクスのこの注意書きにそむいて、もっぱら、生産物の分配の方式を未来社会の中心問題にすえてしまったのです。この立場に立つと、結局のところ、生産物が豊富になり、だれもが「必要」に応じて物資を受け取れるようになることが、未来社会の何よりの特質だということになります。

マルクスは、『経済学批判』（一八五九年）という著作の「序言」で、資本主義をのりこえたとき「人類の前史は終わる」と書いたことがあります。それまでの社会が「前史」だということは、資本主義社会に続く社会主義・共産主義の社会の誕生こそが、人類の「本史」の始まりだと言うことです。その「本史」の最大の特徴が生産物の豊富さにあるというのでは、あまりにもさびしい人類社会の未来図ではないでしょうか。

日本共産党は、一九五八年の第七回党大会で自主独立の立場を確立して以来、理論の上でも、スターリン時代に体系化され、これが「マルクス・レーニン主義」だとして世界的に定着してきた理論体系を根本的に再検討する仕事に数十年にわたって取り組んできました。そして、多くの問題で、マルクスがつくり上げた科学的社会主義の理論の本来の立場を復活させ、それを日本と世界の現代的な情勢に応じて発展させてきました。私たちは、こうした理論活動の一環として、二〇〇三〜〇四年の党綱領改定［★］のさいに、未来社会論の問題に取り組んだのです。

第23回党大会で綱領改定についての報告をする不破哲三議長（当時）＝2004年１月13日、静岡県熱海市

★ **二〇〇三〜〇四年の党綱領改定**　党綱領改定は、二〇〇三年六月の第七回中央委員会総会（第二二回大会期）で草案を決定し、二〇〇四年一月の第二三回党大会で採択したものでした。この二つの会議での党綱領改定の提案報告は、不破『報告集　日本共産党綱領』（二〇〇四年　党出版局）に収録されています。

そして、レーニンの『国家と革命』以来、八十数年もの間、世界の共産主義運動を支配してきた定説の誤りを明らかにし、マルクスの本来の見地を復活させることに成功しました。

マルクスは、その主著『資本論』のなかで、「生産手段の社会化」を中心とした経済的変革が、人間社会にどのような画期的な新段階をもたらすか、本当の意味の未来社会論を豊かに展開していたのです。『資本論』準備の諸草稿の研究によって、この未来社会論が、マルクスが多年の研究のなかで追究し発展させてきたものであることも、明らかになりました。その内容は、これまで定説とされたものとは、根本的に違うものでした。

この未来社会論の骨格が、主著『資本論』のなかに、マルクス自身の言葉で、簡潔ではあるが深い内容で叙述されているのに、それがなぜ、レーニン、スターリンの二段階発展論の陰に隠れて、陽《ひ》の目を見ないまま長年読み過ごされてきたのか、これは、私自身の自省の念もふくめて驚かざるを得ないことでした。

そして、新たに発掘されたマルクスの未来社会論では、「自由」という言葉が、何よりも重要な、深い意味を持つ「本史」の基本的な特徴となるのです。それは、スターリンが「社会主義」の名のもとに自画自賛してきたソ連社会の現実とは、まったく正反対の性格をもつ社会でした。

こうして、日本共産党は、二〇〇三〜〇四年の党綱領改定の仕事のなかで、マルクスの未来社会論の内容の理論的解明とその現代的な発展に努力し、党綱領第五章の理論的骨組みをつくり上げたのでした。このことは、二〇〇三〜〇四年の党綱領改定での最も重要な内容の一つであると同時に、世界的な運動の前途から見ても、重要な位置づけをもつものだ、と言ってよいでしょう。

なお、用語の問題ですが、党綱領では、未来社会を、「社会主義・共産主義の社会」という言葉で表現しています。これは、未来社会の二つの段階を区別するというものでは、もちろんありません。マルクス、エンゲルス自身が、未来社会を表現するのに同じ意味でこの二つの言葉を使っていることを考慮して、二つの名称を併記したものです。なお、文章の中では、略して「社会主義」の言葉だけで述べることも多くありますが、意味に変わりはありません。

一、資本主義の現段階をどう見るか

これから党綱領の勉強に入りますが、本題の第五章を読む前に、その前提をなす問題として、二一世紀の資本主義世界の情勢を、党綱領がどう規定しているかを、見ておきましょう。

綱領の「三、世界情勢――二〇世紀から二一世紀へ」ですが、第八節で、一九一七年のロシア革命から一九九一年のソ連解体にいたる過程を分析したあと、第九節の冒頭で、資本主義世界の情勢を次のように特徴づけています。

「ソ連などの解体は、資本主義の優位性を示すものとはならなかった。巨大に発達した生産力を制御できないという資本主義の矛盾は、現在、広範な人民諸階層の状態の悪化、貧富の格差の拡大、くりかえす不況と大量失業、国境を越えた金融投機の横行、環境条件の地球的規模での破壊、植民地支配の負の遺産の重大さ、アジア・中東・アフリカ・ラテンアメリカの多くの国ぐにでの貧困の増大（南北問題）など、かつてない大きな規模と鋭さをもって現われている」。

この指摘の的確さは、その後十数年間の資本主義世界の現実の動きで、全体にわたって実証されました。

貧富の格差が途方もなく拡大した

「貧富の格差の拡大」をとってみましょう。

貧困問題をはじめ世界的な救援活動に取り組んでいる国際組織オックスファムが、世界の貧富の格差について、毎年、その調査結果を発表していますが、年ごとにその格差は拡大しています。今年（二〇一八年）の発表「資産ではなく労働に報酬を」では、「昨年（二〇一七年）、世界で新たに生み出された富の82%を世界の最も豊かな1%が手にした」一方、「世界の貧しい半分の三七億人が手にした富の割合は1%未満」と報告されました。なんと、想像を絶する格差ではありませんか。

マルクスは、資本の利潤第一主義が経済の最高の原理となる資本主義社会では、貧富の格差の拡大が法則的な結果になることを論じて、『資本論』のなかで、次のように語りました。

「この法則〔資本主義的蓄積の法則―不破〕は、資本の蓄積に照応する貧困の蓄積を条件づける。したがって、一方の極における富の蓄積は、同時に、その対極における、すなわち自分自身の生産物を資本として生産する階級［労働者階級のこと―不破］の側における、貧困、労働苦、奴隷状態、無知、野蛮化、および道徳的堕落の蓄積である」（『資本論』新日本新書版④一一〇八ページ）。

こう述べた後で、マルクスは、この法則の最新の例証として、最近二〇年間のイギリスの経済状況をあげ、労働者階級の窮乏と貧困を、対極における資本家階級の富の増大と対照して論じています。しかし、そこであげられている貧富の格差は、今の世界から見れば、まだごく初歩的な段階で、オックスファムが報告する現代世界での格差とくらべると、まったくケタ違いのものでした。

マルクスは、そのなかで、イギリスの有名な政治家グラッドストン［★］が、イギリスにおける労働者階級と上層階級のあいだの貧富の格差の急速な拡大について述べた言葉、「この国の社会状態のもっとも憂鬱《ゆううつ》な特徴の一つ」を引いています（同前一一一八ページ）が、その人物が、一五〇年後の資本主義世界の悲劇的な現実をみたら、〝憂鬱〟どころか、資本主義の前途への〝絶望〟の言葉をあげたにちがいありません。

★ **グラッドストン**　ウィリアム・ユーアト（一八〇九〜九八）イギリスの政治家。『資本論』第一部刊行の翌年（一八六八年）、首相に就任しました。

人類死活の危機をはらむ地球環境の危機

環境破壊の問題はどうでしょうか。

利潤第一主義の資本活動による環境破壊は、公害問題として以前からよく経験されてきたことですが、いま「地球温暖化」という言葉で人類社会に提起されているのは、従来の環境破壊とはまったく質の違う深刻さをもった問題です。危険にさらされているのは、個々の地域における人間の安全の問題ではなく、人間が、この地球の上で生き続けてゆくことができるかどうか、文字通り人類社会の死活のかかる超最大級の危険です。そして、この危険をひき起こしたのが、資本主義の利潤第一主義そのものであることも、すでに明らかになっています。

問題は、地球大気の変質にありました。

私たちは、大気のもとでの生活を当たり前のこととしています。しかし、実は地球大気は、そのことを可能にする特別の条件をもっているのです。それは、地球の大気の中の二酸化炭素が０・０３４％と、ごく微量だということです。二酸化炭素は、地球に降り注ぐ太陽熱を外へ発散させないで、内にこもらせるという作用（温室効果）をもっているため、大気中のその量が増えると、大気の温度は上がってきます。

現に、同じ太陽系のお隣の惑星でも、大気中の二酸化炭素が金星は96・5%ですから、大気はたいへんな酷熱の状態になっています。地球も46億年前に誕生したときには、ほぼ同じような大気を持っていましたから、地球表面はいまの金星同様の酷熱の世界でした。

その大気の構成に、三五億年前、海中での生命の誕生とともに転機が起こりました。「植物の光合成《こうごうせい》」と呼ばれる若い生命体の呼吸作用——二酸化炭素を吸収して酸素を吐き出す——のおかげで、地球大気の構成が次第に変わり、四億年前ごろには、二酸化炭素を主役としていた初期の状態から、窒素と酸素が主役となる現在の状態に到達しました。そこで初めて、生命体の地上への上陸が実現し、さまざまな生命体が地上で活動し、やがては人類とその社会をうみだす新たな地球史に道を開くことができたのでした。

人間を含め地上のすべての生物を守ってきた地球大気に異変が起こっている、そのことがわかったのは、二〇世紀の八〇年代後半、ごく最近のことでした。地球の気温の変化を歴史的に調べてみると、明らかに気温が上昇傾向に向かっていたのです。

その原因は何か。それもすぐわかりました。一六世紀に誕生した資本主義のもとでの生産体制の変化でした。利潤第一主義を原動力に、産業革命が何度も繰り返され、とくに第二次世界大戦後は、「大量生産、大量消費、大量廃棄」を合言葉に、生産と消費を天井知らずに拡大する時代が始まりました。そういう中で、人間社会のエネルギー消費量が想像

『資本論』の時代と現代の二酸化炭素排出量の比較

	人口	二酸化炭素排出量	同 1人当たり
『資本論』の時代（1867年）	13億人	4.8億トン	0.37トン
現代（2014年）	72億人	361.4億トン	5.02トン
倍率	5.5倍	75.3倍	13.6倍

を絶する勢いで増大したのです。それとともに、二酸化炭素排出量が、止めどのない勢いで急上昇してきました。

上の**表**を見てください。マルクスが『資本論』を刊行した時代と、約一五〇年後の現代とを、比較した表です。その危険な過程が、二〇世紀に入って、地球気温の上昇が目に見える形で現れるほどにまで、進行してきたのでした。

資本主義のもとで、社会がこの危険に気づくのは遅かったのですが、対応策はさらに遅れました。

国際連合での最初の本格的討議が一九九七年の京都会議でした。それから一八年を経てようやく二〇一五年に、「地球温暖化」防止の目標と義務を定めた「パリ協定」が締結されました。しかし、エネルギー消費の増大はその後も依然として続いています。さらに、翌年には、世界最大の二酸化炭素排出国であるアメリカで、トランプ大統領が選出され、「地球温暖化」などはマスコミがつくり出した〝フェイク・ニュース（虚偽報道）〟だと称して、「パリ協定」からの脱退を宣言する始末です。「地球温暖化」の脅威は地球の全地域で、その危険な姿をますますむき出しにしつつあります。日本でも、洪水をともなう台風と豪雨が季節を無視して各地を襲い、〝過去に記録がなかった大災害〟といった報道が各地で繰り返されています。

この問題に取り組む国際機関ＩＰＣＣ（気候変動に関する政府間パネル）は、二〇一四年度の報告書で、二一世紀初頭から同世紀末までの気温の上昇を２・６〜４・８℃とする予測を発表しましたが、事態は、この予想の最悪の線か、あるいはその線を超えかねない勢いで進行しているとみるべきでしょう。

「地球温暖化」はまさに資本主義そのものが引き起こした人類社会の危機です。この危機を解決する力を発揮できるかどうか、それは、資本主義社会が二一世紀に生き残る資格があるかどうかが問われる問題だということを、声を大にして言わなければなりません。

もう一つ言えば、安全性の保障もなく、放射性廃棄物を処理する手段もなく、核事故が起きたときの対策の検討もないまま、電力会社の利益追求だけを起動力にして、危険きわまりない原子力発電を無責任に世界に広げてきたことも、資本主義の利潤第一主義が人類社会にもたらした大災害です。福島であれだけの核災害をひき起こし、いまだに解決の何のメドもたたないのに、原発の再稼働や新規稼働に夢中になっている日本資本主義とその政府の行動は、利潤第一主義の無責任さの最悪の現れというべきではないでしょうか。

事故から7年をへて溶融した核燃料に手が付けられていない福島第一原発の様子＝2018年２月24日、福島県

次の社会の足音が聞こえる時代

私たちは、資本主義の社会で生まれ、その中で育ち、活動してきましたから、社会の体制というものは不動のものだ、と考えがちです。しかし、歴史をふりかえると、人間社会の歴史とは、さまざまな社会体制の交替の歴史であり、どんな社会も、最終段階では体制的な危機の時代を迎えるものだということが、よくわかります。

いま、資本主義世界の現状について、貧富の格差と地球環境危機などの角度から見てきましたが、現状は、この世界で、次の社会体制に交替する時期が迫っていることを示唆しているのではないでしょうか。

まさしく、私たちは、人間社会の歴史の大きな転換の時期、未来社会の足音の聞こえる時代に生きているのです。では、来たるべき未来社会とは、どんな社会でしょうか。マルクスは、資本主義の体制そのものの徹底した研究をもとに、資本主義社会の交替の必然性と、資本主義社会の達成を受け継ぎながら登場する未来社会の展望を明らかにしました。日本共産党綱領が展望する未来社会は、マルクスのその研究を踏まえて、二一世紀の新しい情勢のもとで日本社会発展の大局的方向を明らかにしたものです。

次章からは、いよいよ、本題である党綱領第五章の内容に入ることになります。

二、社会変革のカギは「生産手段の社会化」

党綱領第五章は、三つの節からなっていますが、最初の第一五節の冒頭で、「日本の社会発展の次の段階」の世界史的な位置づけについて、次のように述べています。

「日本の社会発展の次の段階では、資本主義を乗り越え、社会主義・共産主義の社会への前進をはかる社会主義的変革が、課題となる。これまでの世界では、資本主義時代の高度な経済的・社会的な達成を踏まえて、社会主義的変革に本格的に取り組んだ経験はなかった。発達した資本主義の国での社会主義・共産主義への前進をめざす取り組みは、二一世紀の新しい世界史的な課題である」。

ここには、日本の未来社会――社会主義・共産主義の社会――の前途を考えるうえで、たいへん重要な指摘があります。一〇一年前のロシア十月革命以来、世界では、社会主義をめざす革命が一連の国ぐにで起こりました。しかし、それらの革命は、「資本主義時代の高度な経済的・社会的な達成を踏まえて、社会主義的変革に本格的に取り組んだ経験」ではなかった、という指摘です。

発達した資本主義国での革命――「二一世紀の世界史的な課題」

実際、これらの国ぐにでの革命は、すべて、経済的にも社会的にもかなり遅れた地点から出発しての革命でした。

ロシアは、国際的には帝国主義諸国の一員という立場にありましたが、経済的には遅れた前資本主義的諸関係を広く残した社会でしたし、革命後、帝国主義諸国がしかけた干渉戦争（一九一八～二〇年）［★］によって、国土の全体が経済的崩壊状態におとしこまれ、新社会建設はそこを出発点として始めざるをえませんでした。

★ 干渉戦争と日本　干渉戦争は、反革命軍への支援を名目に、イギリスを主導者として一九一八年一月に開始され、一四カ国が侵略軍を投入しました。結局、戦争は全戦線で反革命軍の敗北に終わり、一九二〇年一月には、干渉諸国も敗北を認めてソビエト・ロシアとの通商関係を認めざるをえなくなりました。その中で、最後まで戦争に固執したのが日本でした。日本は、一九一八年八月、シベリア出兵を強行し、七万二千の大軍でシベリア、沿海州などの広大な地域を軍事占領のもとにおき、ヨーロッパ方面で干渉諸国が撤兵したのちにも、一九二二年秋まで、単独でシベリア占領を続けました。

第二次世界大戦後に社会主義への道に踏み出した中国、ベトナムは、当時のロシア以上に遅れた経済状態からの出発でした。政治的にも、革命前に国民主権の民主的政治体制に到達していた国は一つもなく、そのことは、強力的な革命、あるいは内戦を通じての革命を不可避的なものとしましたし、革命後の政治体制にも大きな影響をおよぼしました。

2005年12月におこなわれた日本共産党と中国共産党との会談について、不破哲三議長（当時）の報告会が開かれました。ここでの報告は、『21世紀の世界と社会主義　日中理論会談で何を語ったか』（新日本出版社）に収録されています＝2005年12月20日、党本部

まず、ロシアについていうと、革命の十数年後に、スターリンの専制政治のもとで社会主義への軌道からはずれ、社会主義とは異質な覇権主義・専制主義の体制への根本的な逆転がおこなわれました。

中国やベトナムでも、出発点の遅れは、ロシア以上でした。もともと経済的に遅れた植民地・従属国の状態にあった上、中国は、日本の侵略戦争に続いて、戦後、大規模な国内戦争を経験し、革命勝利の直後には、スターリンのひき起こした朝鮮戦争で軍事的な主役を担わされ、経済的にも多くの困難が重なった中での出発となりました。

ベトナムも、一九四五年の建国後、間もない時期にフランスの侵攻（一九四六年）をうけました。九年間の解放戦争に勝利して独立を確保したものの、一九五五年のジュネーブ会議で、諸大国の思惑（ソ連、中国をふくむ）から南北分割を余儀なくされ、さらには一九六五年、アメリカの無法な攻撃で開始されたベトナム戦争をたたかいぬき、一九七五年、ようやくベトナム全土の解放を実現したのです。平和的な経済建設の条件をかちとるまでに、建国から数えて三〇年近い戦争の苦難の時期を経験したのでした。

こういう歴史を持った国ぐにですから、現在、社会主義に到達したといえる国は、地球上にはまだ一つも存在しておらず、党綱領は、この国ぐにを、「社会主義をめざす新しい探究が開始され」た国、と呼んでいます（「社会主義をめざす国」は綱領のこの規定の略称です）。

これに対して、日本の前途にあるのは、まったく違った展望です。日本のように高度に発達した資本主義国で、社会変革の運動が直面している状況は、これまでに社会主義への道に足を踏み出した国ぐにとは、まったく違ったものです。

日本では、国民多数の意志で政治の方向を決定できる民主主義の政治体制が存在しています。そこで社会主義への道に足を踏み出すにいたる過程では、いま社会主義をめざしている国ぐにで経験した困難とは性質の違った困難が存在します。しかし、国民多数の意志でその道に足を踏み出した場合には、社会主義的変革に〝本格的に取り組む〟ことを可能にする経済的社会的な諸条件が、発達した資本主義の体制そのもののなかで大きく準備されているのです。

ここに、二〇世紀には経験されなかった、「二一世紀の新しい世界史的な課題」がある、党綱領は第五章の冒頭でまず、そのことに目を向けています。

「生産手段の社会化」とはなにか

党綱領は、続いて、この社会主義的変革の中心任務について述べます。

「社会主義的変革の中心は、主要な生産手段の所有・管理・運営を社会の手に移す生産手段の社会化である。社会化の対象となるのは生産手段だけで、生活手段については、この社会の発展のあらゆる段階を通じて、私有財産が保障される」。

生産活動は、人間社会とその発展の基礎をなすものです。人間は、生産活動、すなわち、労働において、道具や機械あるいは装置を使って、加工すべき素材に働きかけます。経済学では、生産活動で活用する道具・機械・装置を一括して「労働手段」と呼び、働きかける素材を「労働対象」と呼びます。「労働手段」と「労働対象」が、一括して「生産手段」を構成するのです［★］。

★　**「生産手段」の定義**　マルクスは、『資本論』のなかで、「労働」という活動の立ち入った分析をおこない、そのなかで、「労働」、「労働手段」、「労働対象」、「生産手段」などの基礎概念の精密な定義をおこなっています。マルクスが経済学の概念や規定をあつかうときに、どれだけ周到な吟味をおこなっているかを示す典型的な例なので、まだ『資本論』を読んでいない方でも、ぜひ、目を通してみてください。場所は、『資本論』第一部第三篇第五章の「第一節　労働過程」（②三〇三～三一五ページ）です。私は、『資本論』のこの節を、マルクスの「労働賛歌」と呼んでいるのですが、そこでは、人間とその社会にとって、労働がどういう意義と性格をもっているのか、労働の本来の人間的な性格が、全面的に描き出されています。

労働する人間と生産手段とは、人間社会の本来の姿では、切り離せないものです。人間社会のこれまでの長い歴史のなかでも、原始の共同体社会では、人間と生産手段は不可分に結びついていました。そこでは、生産は、人間とその社会のためのもので、生産物は生産にあたった人間とその集団（共同体）によって消費されました。

この結びつきが断ち切られ、生産手段が支配階級のものとなったのが、搾取社会の始まりでした。それとともに、生産活動の性格と目的が変わり、支配階級の富を増やすことがその活動の最大の目的となりました。とくに資本主義社会では、生産手段の所有者である資本家の利潤を増大させることが、文字通り、生産活動の唯一最大の目的となりました。私たちは、これを「利潤第一主義」と呼んでいます。

この利潤第一主義のもとで、「生産のための生産」が資本主義的生産の無条件の合言葉となり、生産手段の所有者である資本家を、限度を知らない生産の拡大と生産力発展の道にかりたててきたのです。マルクスは、『資本論』のなかで、資本主義的生産では、「剰余価値の生産」[★]が生産の唯一の「推進的動機」あるいは「規定的目的」である、という定式を、何度も繰り返しています(②二五五、二六一ページ、④一〇一五ページ、⑬一五四一ページ、など)。

★ 剰余価値と利潤　マルクスは、生産過程で、労働者を搾取して資本が手に入れる価値の全体に「剰余価値」と名付けました。この剰余価値は、現実には、企業者利得(産業資本家の取り分)、商業利潤(商品の販売過程に参加する商業資本の取り分)、利子(資金を提供した銀行の取り分)、地代(工場用地を所有する地主の取り分)に分割されます。ここでは、そうした分配関係の研究が主題ではないので、剰余価値の全体を「利潤」という言葉で代表させています。「利潤第一主義」という場合も、「利潤」という言葉は、内容的には、剰余価値の代名詞としてのことですので、ご了解ください。

先ほど、資本主義が生み出した危機的な矛盾の代表として挙げた貧富の格差の超大規模な拡大も、地球温暖化の危機も、すべてこの利潤第一主義がうみだしたものでした。では、人間社会は、どうしたら、この危機的な矛盾からぬけだすことができるのか。答えは明瞭です。労働する人間と生産手段との結合をとりもどすことです。とりもどすといっても、生産力がこれだけ発達し、生産手段が工場といった巨大な規模に達している現在では、生産手段を個々人の手に移すわけにはゆきません。この問題の現代的な解決策は、生産手段を、資本家の手から人間の連合体である社会の手に移すことにあります。それが、「生産手段の社会化」なのです。

マルクスは、『資本論』のなかで、「生産手段の社会化」を実現した社会が、どんな社会になるかについて、多くの箇所で語っています。ここでは、『資本論』の一番最初の部分、商品論（第一部第一篇第一章）のところでの未来社会紹介の文章を見ておきましょう。

商品社会の特徴をつっこんで研究した後で、商品社会というのは人間社会の一般的な形態ではない、現実の歴史のなかでも、またこれから開拓する未来展望のなかでも、商品社会とは違った特徴をもった社会はいろいろある、マルクスは、こういう立場で、いろいろな社会形態をみてゆくのですが、その最後に出てくるのが、「生産手段の社会化」を実現した未来社会でした。そこでは、その社会の経済的諸関係がかなり詳しく説明されています。

「最後に、目先を変えるために、共同的生産手段で労働し自分たちの多くの個人的労働力を自覚的に一つの社会的労働力として支出する自由な人々の連合体を考えてみよう。……この連合体の総生産物は一つの社会的生産物である。この生産物の一部分は、ふたたび生産手段として役立つ。この部分は依然として社会的なものである。しかし、もう一つの部分は、生活手段として、連合体の成員によって消費される。この部分は、だから、彼らのあいだで分配されなければならない。この分配の仕方は、社会的生産有機体そのものの特殊な種類と、これに照応する生産者たちの歴史的発展程度とに応じて、変化するであろう」（①一三三ページ）。

（1）ここでは、未来社会がまず、「自由な人々の連合体」として特徴づけられています。そして、その連合体の特質は、「共同的生産手段」で共同して生産活動にあたるところにあるとされます。これは、「生産手段の社会化」が実現された社会だ、ということです。

（2）次に生産物の処理ですが、生産手段と生活手段とでは、処理の様式がまったく違います。生産手段は、社会的性格をもち、連合体自身によって社会的に使用されます。しかし、生活手段は、連合体の成員のあいだで分配され、個人的に消費されます。つまり、生活手段については、私有財産が保障されることが、未来社会の基本的な特質として明記されているのです［★1］。

（3）生活手段の分配の方法については、その連合体の状態の特性および生産者たちの歴史的発展程度によって変化するものとされ、方法を特定していません。これも大事な点です。具体例として、「労働時間」を分配の基準とする方式がとりあげられてはいますが、これもあくまで、商品生産と対比するため「だけ」の便宜上の想定であって、これを初期段階の分配方式の基準とする話ではありません。

★1　**私有財産問題での反共攻撃にこたえる（エンゲルス）**　「私有財産」問題での誤解や意図的な反共攻撃は、いまもよく見られるものですが、マルクス、エンゲルスの活動した時代にも、『資本論』でこれだけ明確な解明をおこなった後でも、意図的な攻撃がしばしばおこなわれました。一八七一年、パリ・コミューンのあと、ヨーロッパで反インタナショナルの逆宣伝が荒れ狂った時期があったのですが、イタリアの独立運動家として知られたマッツィーニ［★2］が、それに便乗する形で、インタナショナル（国際労働者協会）に悪質な非難をくわえてきました。その攻撃の焦点の一つが私有財産問題でした。インタナショナルは「財産の否定」を原則とし、「それによってすべての労働者から彼の労働の果実を奪い取る」というのです。

これに対して、エンゲルスがインタナショナルの総評議会の会議（一八七一年七月）でただちに反撃をおこない、その内容を機関紙で発表しました。その内容は、次の通りです。

「第三の非難［私有財産問題はマッツィーニの非難の第三の論点でした――不破］は、経済学のごく初歩についてさえマッツィーニが無知であることを暴露するだけである。インタナショナルは、個々人に彼自身の労働の果実を保障する個人的な財産を廃止する意図はなく、反対にそれを確立しようと意図しているのである。現在、大衆の労働の果実は、少数者のふところにはいっており、そしてこの資本主義的生産制度こそ、マッツィーニが手にふれないでおこうと提案しているものであり、またインタナショナルが破壊しようとしているものなのである。インタナショナルは、だれもが彼または彼女の労働の生産物を収得することを望んでいる」（古典選書『インタナショナル』二〇〇ページ）。

ここにもはっきり示されているように、生活手段について私有財産の保証を明記した党綱領の規定は、科学的社会主義の未来社会論の一貫した明確な見地を表現したものです。

★2　**マッツィーニ**　ジュゼッペ（一八〇五～七二）　イタリアの民族解放運動の指導者の一人。インタナショナルの創立の時期には、自分の仲間を送り込んで、指導権を握ることを企てたりしました。

「生産手段の社会化」で、どのような社会が実現するか、という問題は、次の章での研究の主題とし、より深くみてゆきたいと思います。

「共産主義」の言葉は日本でいつ登場したか

連載第一回の最後に、「未来社会」の日本における名称の問題について、若干、考えておきたいと思います。

「共産主義」、すなわち、コミュニズムという言葉は、フランス語の「コミューン」という言葉から生まれたものです。コミューンというのは、辞書を引くと、「共同」とか「共通」とかいう語意がまず出てきますが、フランスでは、地域的な基礎自治体が古くからコミューンと呼ばれており、一七八九年のフランス大革命の時には、このコミューンが、各地域で革命の基礎組織として働きました。そこから、社会的な解放運動の名称として、コミュニズムという言葉が、「社会主義」という言葉とならんで、社会解放の運動のなかで使われるようになったのでした。

「共産主義」という言葉は、実は、コミュニズムの訳語として日本で登場し、それが、中国にまず輸出され、中国から、インドシナや朝鮮など漢字を使用していた東アジアの漢字圏の国ぐにに移出され、共通語として使われるようになったものです。二〇〇五年に、中国共産党との最初の理論交流をおこなったとき、中国の代表団が、共産主義思想の中国における発展の歴史について報告したのですが、そこでも、最初の部分で、「共産主義」

等々の用語が日本から輸入された経緯がまず話されました。

この訳語の特徴は、共同体を表す「共」の語に「産」の語が加わっていることです。共同体が生産活動にあたる、こういう意味がふくまれているわけです。コミュニズムを名乗る政党は、二〇世紀に世界各国でつくられて活動してきました。英語では、どこも同じくコミュニスト・パーティーですが、生産を表す「産」の意味が党名に含まれている政党は、東アジアの漢字圏に属した歴史を持つ国にしか存在しないのです。そう考えると、なかなか味のある訳語を作ったものだな、と思いますが、では、だれがコミュニズムの訳語にこの言葉を選んだのか、その歴史を知りたくなりました。

調べてみると、この歴史を研究した論文はいろいろありました。コミュニズムという言葉は、明治維新のあとかなり早くから日本に入ってきていて、西洋の文献の翻訳者たちは、適切な訳語を見いだすのに、大変苦労したようです。最初のうちは、コムミュニスメ、コムムニストなど、発音を仮名書きしただけで済ます例が多いのですが、やがて、「共同党」（一八七八年）、「貧富平均党」（一八七九年）、「通有党」（一八七九年）など、漢字の訳語を工夫してそれにコミュニスムなどのルビを振るという例が増えてきます。

そういう中で、一八八一年（明治一四）、画期的な変化が起こりました。東京大学の法学部・理学部・文学部の三学部共同の事業として、学術上の訳語の統一を図ることが計画され、哲学者の井上哲次郎を責任者として、『哲学字彙《じい》』が編纂《へんさん》・発行されたのです。この書物で、コミュニズムの訳語として選ばれたのは「共産論」でした。これ以前に「共産」の訳語がすでに登場していたという報告はありませんから、この本が、「共産」という訳語の初登場の舞台であったことは、ほぼ間違いないのではないでしょうか。そして、この年を転機として、「共産党」、「共産説」、「共産主義」という訳語が自由民権運動や民主的ジャーナリズムの舞台で次第に一般化していったようです［★］。

★ 以上は、『哲学字彙 訳語総索引』（飛田良文編、一九七九年 笠間書院）、宮島達夫「『共産党宣言』の訳語」（言語学研究会編『言語の研究』所収、一九七九年 むぎ書房）によりました。

日本で、社会主義、共産主義の理論や思想がまとまった形で紹介されるようになるまでには、それからさらに二十年ほどの時間を要しました。二〇世紀に入ると、マルクスの理論を本格的に吸収して未来社会を論じる画期的な著作が世に出るようになります。一九〇三年（明治三六）、ほぼ同じ時期に出た幸徳秋水《こうとくしゅうすい》『社会主義神髄』［★1］と片山潜《かたやません》『我社会主義』［★2］はその代表的なものですが、「生産手段の社会化」を土台とした未来社会のとらえ方などは、幸徳秋水の著作の方が、マルクスの未来社会論をより正確にとらえていました。

★1　**幸徳秋水**（一八七一～一九一一）　日本における社会主義の先駆者の一人。自由民権運動から社会主義に進み、『共産党宣言』の日本における最初の訳者となりました（堺利彦と共訳）。一九一〇年、「大逆事件」という弾圧事件で逮捕され、一九一一年、その首謀者として死刑になりました。幸徳の罪が政府によるねつ造であったことは、戦後、資料によって証明されています。

★2　**片山　潜**（一八五九～一九三三）　日本における労働運動、社会主義運動の先駆者の一人。一九一四年、アメリカにわたり、第一次世界大戦中に共産主義者となって、一九二一年、ソ連に入りました。以後、コミンテルンの執行委員、幹部会員として活動、一九二二年の日本共産党の創立にあたっても、国際的な援助者として大きな役割を果たしました。

幸徳は、この著作の執筆にあたって、『資本論』、『共産党宣言』、『空想から科学へ』を英文で読んだと述べていますが、社会主義の中心問題は「一切の生産機関を公有にし、一切の産業を管理する」ことにあるとしたうえで、社会主義は私有財産の否定だというマッツィーニ的歪曲に対しては、次のような痛烈な反論をおこなっています。

「社会主義は実に財産私有の制を拡張して、以て万人の自由を保障し、その向上を促進せんことを欲するなり。ただ知らざるべからず。社会主義は私有の財産を増加すといえども、この財産や実に各人の消費にあつるの財産にして、決して土地・資本、すなわち生産機関を意味するものにあらざることを。生産の機関が必ず公有たるべくして、その生産の結果が必ずひとたび社会の収入たるべきは、もとより前に言えるがごとし」。

現代語に訳すと、つぎのようになります。

〝社会主義は私有財産の制度を拡張して、すべての人の自由を保障し、その向上をはかろうとするものだ。ただ注意する必要があるのは、社会主義がその増加を求める私有財産とは、各人の消費手段のことであって、生産手段は必ず公有とされ、生産によって生み出される生産物は、前に説明したように、いったん社会の収入となって、そのあとで、消費手段は各人の所有に、生産手段は社会の所有と分けられるものだ〟。この説明を読むと、幸徳が、先に引用した『資本論』の商品論における未来の「連合体」についての記述を読んだうえで、この文章を書いたことが推察されます。

幸徳は、その年の一一月、のちに日本共産党の創立に参加した堺利彦とともに、『平民新聞』（週刊）を創刊、一九〇四年に始まった日露戦争にたいして反対の論陣を果敢に展開、同年一一月には『共産党宣言』の日本最初の邦訳を掲載しました（直後に発禁）。この時には、「共産党」という言葉は、運動のなかで完全な市民権を得ていたのです。

なお、日本の運動における未来社会論の位置づけに関連して、もう一つ述べておきたいことがあります。
　私たちの若いころは、なにか集会があると、戦前の運動のなかで歌われた革命歌・労働歌がよく歌われたものですが、その一つに、戦前の「メーデー歌」がありました。その中に、「生産手段の社会化」という未来社会の目標を、そのまま歌い込んだ一節があったのです。

「起て労働者奮い起て
奪い去られし生産を
正義の手もて取り戻せ
彼等の力何物ぞ」

明治卅九年三月十五日發行　價十五錢
堺利彦編輯
社會主義研究
第一號
THE STUDY OF SOCIALISM
MARCH 15, 1906.——NO. 1.
本號要目
共産黨宣言
マルクス傳
エンゲルス傳
萬國社會黨大會略史
失業者問題應急策
明治三十九年小史
"In every historical epoch, the prevailing mode of economic production and exchange, and the social organization necessarily following from it, form the basis upon which is built up, and from which alone can be explained, the political and intellectual history of that epoch."
——KARL MARX.
發賣所　東京麹町區元園町一丁目二十七番地　由分社

幸徳・堺訳の「共産党宣言」が掲載された『社会主義研究』の表紙＝1906年（明治39年）刊行（この雑誌は発禁を免れた）

　当時はストライキ闘争の激励の歌という感じで歌っていましたが、よく読んでみると、奪い去られた生産手段を、労働者階級の闘争で取り戻せ、まさに「生産手段の社会化」の大目標を高くかかげた歌ではありませんか。時は一九二二年、日本共産党の創立と同じ年につくられた歌です。あの弾圧の時代に、未来社会の目標を堂々と織り込んだ歌が、労働者の闘争やメーデーの集会で歌われた。この歌には、戦前の先輩たちの確固とした姿勢がこめられていたことを、あらためて痛感させられました。

三、新しい社会は、どんな社会となるか

これから、第五章の内容に入ってゆきますが、その前に用語の問題で、もう一つ説明しておきたいことがあります。

前回、冒頭の部分で、党綱領では、「社会主義」と「共産主義」を区別しない、「未来社会」を「社会主義・共産主義の社会」と呼ぶ、という話をしました。これから本論に入るのですが、そこでは、もう一つの区別が問題になります。

実は、社会主義的変革に成功し、社会主義・共産主義をめざす政権が生まれたとしても、それですぐ「社会主義・共産主義の社会」＝未来社会が誕生するわけではないのです。未来社会が完成した形でできあがるまでには、かなり長い過渡期が必要になります。ですから、未来社会に到達する以前の過渡段階をどう呼ぶか、という問題が出てきます。綱領では、この過渡段階の社会について特別の名称をつけず、「社会主義・共産主義の社会」に含めていますが、本書では、過渡的な時期の社会を「新しい社会」という用語で区

別して表現することにしました。ご了解ください。

三つの角度から新しい社会の特徴をみる

次に進みましょう。党綱領は、社会主義的変革の中心が「生産手段の社会化」にあることを述べた後で、それによって、どんな新しい社会が生まれるかを、三つの角度から示しています。

第一の角度：人間の生活のあり方が根本から変わる。

「生産手段の社会化は、人間による人間の搾取を廃止し、すべての人間の生活を向上させ、社会から貧困をなくすとともに、労働時間の抜本的な短縮を可能にし、社会のすべての構成員の人間的発達を保障する土台をつくりだす」。

この変化を、いくつかの面から、みてゆきます。

(1) 生産手段が社会のものとなれば、その生産物が資本のものになるという仕組みは、まったくなくなり、生産物の全体が、社会という人間の連合体のものになります。これまでは、その大きな部分が、「利潤」として資本家の手に入っていたのですが、それが全部、社会とその成員のために役立てられます。そのうち、生産の拡大のための蓄積財源になる部分、不慮の災害や事故に備える保険財源にあたる部分、年齢や病気から生産に参加できない人々のための生活保障にあてられる部分などは、当然、必要になりますが、それらを除いた残りの部分は、すべて社会の構成員の生活にあてられることになり、抜本的な拡大が図られることになります。こうして、人間の生活を本当に豊かにし、貧困を根絶する社会に道を開くことができるのです［★］。

★　この問題については、『資本論』第三部の最後の篇での分析を参照してください（⑬一四八二～一四八三ページ）。

（2）重要なことは、労働の性格が根本から変化することです。マルクスは、『資本論』のなかで、資本主義の支配のもとで、労働が本来の性格を失い、労働者にとって苦痛に満ちた活動となっていることを、あらゆる面から、具体的事実をあげての詳細な告発をおこないました。新しい社会では、労働のこうした性格が、根本的に変化します。

マルクスは、一八六四年、労働運動の最初の国際組織「インタナショナル」が創設されたとき、「創立宣言」の執筆を委任されて、その中に、未来社会での労働の性格の変化について、次のように書き込みました。

「賃労働は、奴隷労働と同じように、また農奴の労働とも同じように、一時的な、下級の〈社会的〉形態にすぎず、やがては、自発的な手、いそいそとした精神、喜びにみちた心で勤労にしたがう結合的労働［★］に席をゆずって消滅すべき運命にある」（「国際労働者協会創立宣言」、古典選書『インタナショナル』一九ページ）。

★ **結合的労働** マルクスは、共同の生産手段をもって労働者の共同体が生産活動にあたる未来社会での労働を表現するのに、「結合的労働」（アソシエイテッド・レイバー：英語）というこの言葉を、よく使いました。『資本論』では、未来社会の生産様式を性格づける場合にも、「結合的生産様式」、「結合した労働の生産様式」という言葉が登場します（⑩七六四ページ、⑪一〇六四ページなど）。

（3）さらに、労働する能力のある社会のすべての成員が、生産活動および社会の維持に必要な公務を分担するという社会的な変化から、生産活動に参加する人員の規模が画期的に大きくなり、労働時間を抜本的に短縮することができるようになります。現在、日本経済がおかれている条件のもとでも、おそらく週三日労働などの時間短縮が可能になるでしょう。これによって、すべての人間が、自分の時間の主人公となります。この時間をどのように使おうが、それは各人の自由ですが、何よりも重要なことは、この時間短縮によって、すべての人間に人間的発達のための条件が保障されることです。この問題は、後で詳しく見ることにしますが、マルクスはここに、未来社会における人間生活の最大の変革をみたのでした。

第二の角度：生産活動のあり方が根本的に変化する。

「生産手段の社会化は、生産と経済の推進力を資本の利潤追求から社会および社会の構成員の物質的精神的な生活の発展に移し、経済の計画的な運営によって、くりかえしの不況を取り除き、環境破壊や社会的格差の拡大などへの有効な規制を可能にする」。

資本主義経済のもとでは、生産の唯一の「推進的動機」、あるいは「規定的目的」が、資本の利潤の果てしない追求でした。資本主義社会が、その活動によって、どのような社会的被害が起ころうが、お構いなしに、ひたすら生産拡大の道を進み、ついに地球環境の破壊まで引き起こしてきたことは、すでにみました。新しい社会では、資本の利潤ではなく、「社会および社会の構成員の物質的精神的な生活の発展」が、生産と経済の目的とも推進力ともなります。経済活動そのものに、「国民が主人公」の立場での根本的な方向転換が起こるのです。

さらに、この方向転換によって、経済の計画的運営がはじめて可能になります。

マルクスは、『資本論』のなかで、資本主義社会の経済活動について、次のような特徴づけをおこなったことがあります。

「社会的理性がいつも〝祭りが終わってから〟はじめて妥当なものとされる資本主義社会では、つねに大きな攪乱《かくらん》が生じうるのであり、また生じざるをえない」（⑥四九七〜四九八ページ）。

これは、直接的には、不況・恐慌などの「攪乱」現象について述べた言葉ですが、資本主義のもとでは、前回で見た地球温暖化のように、地球と人類の運命にかかわるような、はるかに巨大な規模の「攪乱」現象についても、〝祭りが終わってから〟、つまり破滅的な危険が現実に目の前に表われてからしか、「社会的理性」が働かなかったのでした。それどころか、この危険が認識されてからも、それにふさわしい対応がなかなかできないでいるのです。

生産手段の社会化は、こういう状況に終止符を打って、「社会的理性」を〝祭りが始まる前から〟働かせる「経済の計画的な運営」を初めて可能にするのです。

『資本論』の別の場所ですが、マルクスは、次のような言い方で、資本主義社会と未来社会の違いを強調したこともあります。

「資本主義的生産では、総生産の連関は、盲目的な法則として生産当事者たちに自己を押しつける」。しかし、未来社会では、総生産の連関が、「生産当事者の結合した理性によって把握され、それゆえこの理性によって支配された法則として、その理性が生産過程を彼らの共同の管理のもとに」おく（⑨四三八ページ）［★］。

★　引用のさい、文章を若干整理しました。「結合した理性」というのは、先の文章の「社会的理性」と同じ意味の言葉です。

第三の角度。経済の新たな飛躍的発展の時代が始まる。

「生産手段の社会化は、経済を利潤第一主義の狭い枠組みから解放することによって、人間社会を支える物質的生産力の新たな飛躍的な発展の条件をつくりだす」。

この問題では、とくに二つの変化に注意を向けたいと思います。

一つは、資本主義的生産に特有の「際限のない浪費」に終止符が打たれることです。マルクスは、この点について、こう指摘していました。

「資本主義的生産様式は、個々の事業所内では節約を強制するが、その無政府的な競争制度は、社会的な生産手段と労働力の際限のない浪費を生み出し、それとともに、こんにちでは不可欠であるがそれ自体としては不必要な無数の機能を生み出す」（③九〇六ページ）。

「無政府的な競争制度」のなかで生まれる浪費と言えば、資本主義的生産が周期的に生み出す恐慌・不況が、巨大な浪費の最たるものでしょう。さらに、資本は、利潤拡大の見込みがあれば、それが人間社会の発展にとって利益になるか害になるかの判断とは無関係に、どんな事業にでも平気で資本をつぎ込みます。さらに、資本主義の高度の発展が必然的に生み出してきた信用＝金融制度の巨大な機構なども、新しい社会では、その多くの部分が「不必要な機能」として整理されることになるでしょう。これらの浪費の一掃は、物質的生産力の新たな発展を可能にする重要な条件となります。

さらに、より重要なというか、新しい社会での最も大きな変化は、生産力の発展の推力として、「無政府的な競争制度」に代わって、社会全体の知的発展という新しい力が働きだすことです。第一の角度についての説明の最後の部分で、「社会のすべての構成員の人間的発達」の保障をあげましたが、このことが、未来社会で「物質的生産力の新たな飛躍的な発展」を実現する決定的な条件となるのです。

マルクスは、ここに未来社会の中心問題があると位置づけ、『資本論』のなかで、その展望のたちいった解明をおこなっています。その内容は、項をあらためて読むことにしましょう。

『資本論』のなかの未来社会論

人間は自由な時間を持つことによって、初めて人間らしく生き、自分の人間的能力を発達させることができる、その権利を社会の多数者から奪うところに搾取社会の最大の害悪がある、こういう考えは、マルクスが、『資本論』の草稿に取りかかった最初の時から、深い関心を寄せ、追究し続けてきた未来社会論の中心問題でした。

マルクスが残した『資本論』の主要な草稿に、二つの草稿――『五七～五八年草稿』と『六一～六三年草稿』があります。最初に書いた『五七～五八年草稿』の本論に入る前の序論的な部分に書きつけられた、〝「社会の活動の全面性」は結局のところ「時間の経済〔節約〕」にかかっている〟（『資本論草稿集』①一六二ページ）という命題は、この問題意識の最初の表われと見ることができます。そして、マルクスは、二つの草稿のなかでくり返しこの問題に取り組み、未来社会論を発展させてゆきます。

1867年の春に撮影されたカール・マルクス49歳の時の写真。この年の9月に『資本論』の第一部が刊行されます

六三年七月、『六一～六三年草稿』を書き終えたマルクスは、すぐ『資本論』の執筆に取りかかり、六五年一二月までに、一応、全三部の草稿を書き終えました。それはまだ満足のゆくものではなく、六六年から第一部の完成稿の仕事に

取りかかるのですが、『資本論』での未来社会論の到達点として、現在、私たちが目にしているのは、六五年の、おそらく年末に近い時期に書いたと推測される第三部草稿の最後の篇、「第七篇　諸収入とその源泉」の冒頭に書き込まれた文章です（⑬一四三四〜一四三五ページ）［★］。

★　**第三部草稿**　マルクスは第二部を仕上げたのちに、第三部の仕上げに取りかかるつもりでしたが、第二部の執筆の途中、一八八三年に死去しました。現在、私たちが読む第三部は、マルクスが一八六四年〜六五年に執筆した草稿から、エンゲルスが編集したものです。

マルクスは、これまでの研究成果に基礎をおきながら、ここで、まったく斬新な形式での未来社会論を展開しました。その斬新な形式とは、未来社会の特質を、「自由の国」と「必然性の国」との相互関係でとらえるところにありました。それによって、いままで積み重ねてきた未来社会論を、人類社会に新たな壮大な展望を開くものとして、それにふさわしい形式と内容で描き出すことができたのでした。

そのあらましをみてみましょう。

マルクスは、人間の生活時間を、二つの部分に区分します。

（1）一つは、物質的生産に従事する時間です。マルクスは、この時間を「必然性の国」と名づけました。

搾取社会では、この時間は、搾取階級のための時間であって、文字通りの苦役という性格をもちました。しかし、搾取から解放された新しい社会では、労働は、人間労働の本来の性格をとりもどします。労働の性格のこうした変化については、さきほど、インタナショナル創立宣言の言葉を引用しましたが、『資本論』では、労働がかちとる新たな性格を、マルクスは次のような角度から特徴づけます。

――共同して労働にあたる人間が、自分たちと自然との関係を合理的に規制し、自分たちの共同の管理のもとにおく。

――労働は、最小の力の支出で、みずからの人間性にもっともふさわしい、もっとも適合した諸条件のもとでおこなわれる（同前一四三五ページ）。

こういうすばらしい変化が起こるのです。これは、「生産の領域」での自由の実現といってもよい根本的な変化ですが、マルクスは、それでも、「これはまだ依然として必然性の国である」（同前）というのです。

（2）それはなぜか。マルクスは答えます。

「自由の国は、事実、窮迫と外的な目的への適合性とによって規定される労働が存在しなくなるところで、はじめて始まる」（同前一四三四ページ）。

なかなか言いまわしの難しい文章ですが、「窮迫と外的な目的への適合性とによって規定される」というのは、「労働」という活動は、どんな場合にも、「窮迫」から抜け出すためであったり、その社会が必要とするさまざまな「外的な目的」を実現するために各個人に義務的に求められるものだという意味です。そういう活動に従事している時間は、搾取が存在しなくなった未来社会においても、そこには本当の意味での「自由」はない、というのです。

マルクスが言う「自由の国」は、その領域の外にあります。人間が、物質的労働に参加するという社会的な義務からも解放された時間、完全に自分が時間の主人公となって、何でも自由にできる時間、生活時間のなかのこの部分をマルクスは「自由の国」と名づけたのでした。社会のすべての人間がこういう時間を持つようになる、ここには、「生産手段の社会化」が人類史上はじめて開く、もっとも輝かしい展望があるといってよいでしょう［★］。

★　**エンゲルスの未来社会論**　エンゲルスも、『空想から科学へ』（一八八〇年）で、社会主義的変革がどんな可能性をうみだすかについて、同じ展望を示しました。

「ただ物質的に十分にみち足りており、日に日にますます豊かになっていくだけでなく、肉体的、精神的素質の完全で自由な育成と活動を保障するような生活を、社会的生産によってすべての社会の成員にたいして確保する可能性」（古典選書九一ページ）。

エンゲルスは、この時、『資本論』第三部のマルクスの文章をまだ読んでいませんでした。この著作で、彼は、「必然の国」と「自由の国」という言葉を使っていますが、マルクスとは違った意義づけで使っているので、その点は注意してください。

マルクスは続けます。

「この国〔必然性の国、すなわち物質的生産の領域――不破〕の彼岸において、それ自体が目的であるとされる人間の力の発達が、真の自由の国が――といっても、それはただ、自己の基礎としての右の必然性の国の上にのみ開花しうるのであるが――始まる。労働日の短縮が根本条件である」（『資本論』⑬一四三五ページ）。

すべての人間に人間的発達への時間と機会が保障される未来社会は、人類が持っている知的潜在力が限りなく発揮される社会となるでしょう。そこで、新しい発見があり、技術の発達があったら、それは必ず、「必然性の国」、物質的生産の領域に反作用をおよぼします。その結果、生産力が発展すれば、それがまた労働時間の短縮をもたらして「自由の国」を拡大させるでしょう。マルクスがいまの文章で、〝「自由の国」は「必然性の国」の上にのみ開花する。しかし、その根本条件は「必然性の国」における「労働時間の短縮」

である〟と書いたのは、この発展的な相互関係を、簡潔だが力強い言葉で表現したものでした。

この関係は、階級社会で見る、上部構造と経済的土台の関係に似ているところがあります。資本主義社会では、利潤第一主義が発展の原動力ですから、発展の推進力は経済的土台にあります。しかし、未来社会では、「自由の国」での人間の能力の発達が、物質的生産の領域、「必然性の国」に作用して、生産力の新たな発展をひき起こすのです。社会発展の原動力が、「自由の国」、いわば上部構造に移る、それは、人類の歴史の大転換だと言ってもよいでしょう。

マルクスは、人類社会が階級社会から未来社会に足を踏み出すことを、人類社会の「前史」から「本史」への転換と意義づけましたが［★］、未来社会の研究は、その言葉の持つ深い意味を明らかにしているのでした。

★「前史」から「本史」への転換　『経済学批判』の「序言」での次の言葉をさしています。「この社会構成体［資本主義社会のこと――不破］をもって人類社会の前史は、終わりを告げる」（古典選書『「経済学批判」への序言・序説』一六ページ）。

四、自由と民主主義の花開く社会

党綱領第一五節の続く文章にすすみましょう。

「社会主義・共産主義の日本では、民主主義と自由の成果をはじめ、資本主義時代の価値ある成果のすべてが、受けつがれ、いっそう発展させられる。『搾取の自由』は制限され、改革の前進のなかで廃止をめざす。搾取の廃止によって、人間が、ほんとうの意味で、社会の主人公となる道が開かれ、『国民が主人公』という民主主義の理念は、政治・経済・文化・社会の全体にわたって、社会的な現実となる。

さまざまな思想・信条の自由、反対政党を含む政治活動の自由は厳格に保障される。『社会主義』の名のもとに、特定の政党に『指導』政党としての特権を与えたり、特定の世界観を『国定の哲学』と意義づけたりすることは、日本における社会主義の道とは無縁であり、きびしくしりぞけられる」。

ここに誤解の余地のない形で明確にされているように、民主主義と自由の厳格な保障とその拡大は、日本における社会主義への道の一貫した特徴をなすものです。そして、このことは、マルクスが確立した科学的社会主義の運動の本来の立場を受け継いだものだということも、ここで強調しておきたいと思います。

マルクス、エンゲルスは、一九世紀の四〇年代に革命運動に参加して以来、その生涯を閉じるまで、民主主義と自由を擁護する闘士として行動しました。その態度を最も鮮明に表わしているのは、彼らが、国家の政治形態として、民主共和制を徹底して擁護し続けたところにありました。

ここで、マルクス、エンゲルスが民主共和制をどう位置づけたかを、みてみましょう。

まず第一に、民主共和制を、社会主義をめざす労働者階級の闘争が、最後までたたかいぬかれる国家形態という位置づけです。

「民主共和制」……「ブルジョア社会のこの最後の国家形態においてこそ、階級闘争が決定的にたたかいぬかれなければならない」（マルクス「ゴータ綱領批判」一八七五年　古典選書『ゴータ綱領批判／エルフルト綱領批判』四五ページ）。

「ブルジョアジーとプロレタリアートの闘争は共和制のもとでのみ決着がつけられるのです。……われわれのもと〔ドイツ〕では革命の最初の直接的成果は、形式からすれば同じくブルジョア共和制以外のものではありえないし、またそうでなければならないのです」（エンゲルスからベルンシュタインへ　一八八三年八月二七日　古典選書『マルクス、エンゲルス書簡選集・中』二六五ページ）。

第二に、革命の勝利後にも、民主共和制こそが社会主義の権力の国家形態となる、という意義づけです。

「なにか確かなことがあるとすれば、それは、わが党と労働者階級は、民主共和制の形態の下においてのみ、支配権を得ることができる、ということである。この民主共和制は、すでに偉大なフランス革命が示したように、プロレタリアートの執権［★］の特有の形態でさえある」（エンゲルス「エルフルト綱領批判」一八九一年　古典選書『ゴータ綱領批判／エルフルト綱領批判』九四ページ）。

★　プロレタリアートの執権　「社会主義をめざす権力」の階級的性格を特徴づけた言葉。執権とは、「ディクタトゥール」というラテン語の日本語訳です。

「マルクスと私とは、四〇年も前から、われわれにとって民主的共和制は、労働者階級と資本家階級との闘争が、まず一般化し、ついでプロレタリアートの決定的な勝利によって、その終末に到達することのできる唯一の政治形態であるということを、あきあきするほど繰りかえしてきているのである」（エンゲルス「尊敬するジョヴァンニ・ボーヴィオへの回答」一八九二年　古典選書『多数者革命』一九八ページ）。

「プロレタリアートにとっては、共和政が君主制とちがうのは、それが、プロレタリアートの将来の支配にとってすっかりできあがった政治形態であるという点だけです」（エンゲルスからポール・ラファルグへ　一八九四年三月六日　古典選書『書簡選集・下』二五四ページ）。

このように、民主共和制についてのマルクス、エンゲルスの態度は、きわめて明瞭でした。それは、自由と民主主義の中心問題であり、資本主義社会で獲得すべき闘争目標であると同時に、社会主義革命の勝利を可能にする政治形態であり、さらには、革命の勝利後に成立する社会主義国家がとるべき国家形態だったのです。そして、この国家形態のもとで、自由と民主主義の全面的な発展をはかる、いわば、自由と民主主義の花開く社会へ、というのが、終始変わらない基本路線だったのです。

この民主共和制は、マルクス、エンゲルスの時代には、ヨーロッパでも、まだごく少数の国にしか存在していませんでした。二人が革命運動に参加した一九世紀四〇年代には、共和制の国家は、スイスにしか存在しませんでした。

それから百数十年、二一世紀の今日では、民主主義の政治体制が、資本主義世界のほとんど全域をおおう現実となっています。その中で成立する社会主義の国家が、民主主義と自由の分野で、世界で最も進んだ立場をとるのは、当然のことです。党綱領は、そういう世界的な視野で、日本の前途を展望しているのです。

党綱領は、この部分の最後に、「『社会主義』の名のもとに、特定の政党に『指導』政党としての特権を与えたり、特定の世界観を『国定の哲学』と意義づけたりする」ことへの批判を明記しています。これは、民主主義と自由の原則を正面から踏み破る行為ですが、実は、二〇世紀の世界で現実に起こったことでした。

旧ソ連では、レーニン時代の一九一八年につくった最初の憲法では、共産党に憲法で特別の役割を与えるなどということは、まったく問題になりませんでした。ところが、スターリンが専制権力を確立した一九三六年憲法では、共産党条項（第一二六条）が特別に設けられて、「最も活動的かつ自覚的な国民」は、「社会的ならびに国家的団体の指導的中核をなすソ連共産党（ボリシェビキ）に結集する」ということが、なんと憲法上の規定になりました。そして、こうしたやり方が、第二次世界大戦後に社会主義への道に踏み出した多くの国ぐにに広められました。その現実を踏まえて、党綱領は、こうしたやり方は、「日本における社会主義の道とは無縁であり、きびしくしりぞけられる」と断言したのです。そのことの重みを、よく受け止めてほしい、と思います。

国家の死滅――社会のルールが自治的、自覚的に守られる時代へ

第一五節の最後の一節は、かなりさきのことになりますが、未来社会が高度な発展を遂げた将来の展望を述べています。

「社会主義・共産主義の社会がさらに高度な発展をとげ、搾取や抑圧を知らない世代が多数を占めるようになったとき、原則としていっさいの強制のない、国家権力そのものが不必要になる社会、人間による人間の搾取もなく、抑圧も戦争もない、真に平等で自由な人間関係からなる共同社会への本格的な展望が開かれる。

人類は、こうして、本当の意味で人間的な生存と生活の諸条件をかちとり、人類史の新しい発展段階に足を踏み出すことになる」。

この問題は、資本主義社会の現実のもとで生きている私たちにとっては、実感をもってつかむことがなかなか難しい点があります。それだけに、党綱領改定の草案を最初に討論した二〇〇三年六月の第七回中央員会総会(第二二回大会期)でも、いろいろな質問が出ました。そこで、そのさい、私が報告者として質問に答えた内容を紹介して、この部分の解説としたいと思います。

まず、「国家が死滅する」という展望の問題です。

この問題では、次のような解説をおこないました。

「いま私たちが『社会主義・共産主義の社会』と呼んでいる未来社会と現在の資本主義社会のあいだに、過渡期の段階がある、この点についてのマルクスの指摘［★］は、現在でも、基本的には妥当するものだと思います。

この過渡期には、国民の多数が社会主義・共産主義をめざそうという意思をかため、その前進の努力を開始する、という時期ですが、これをよしとしない階級勢力がなお存在していて、さまざまな闘争が続きます。そこでは、国家は、『社会主義をめざす権力』という階級的性格をもつ存在として残っていて、必要な役割を果たす、そういう社会です。

この過渡期が終わると、ともかく大局的には『社会主義・共産主義の社会』ができあがったといえる段階がやってきます。そのとき、国家はどうなるのか。社会主義に前進しようという勢力とこれをおしとどめようという勢力との階級闘争などは、すでに過去の話になったという段階ですから、階級的な性格をもった国家は、もういらなくなります。

しかし、マルクスもレーニンも、階級がなくなったから、ただちに国家がなくなるとは、単純に考えませんでした。国家は死滅する、共同社会のなかで、強制力をもった国家としての機能が次第に無用なものとなり、次第に眠りこんでゆき、長い時間がかかっても、最後には社会から消滅するだろう、と考えたのです。これが、国家の死滅という見通しです。

綱領の改定案が、『原則としていっさいの強制のない、国家権力そのものが不必要になる社会、人間による人間の搾取もなく、抑圧も戦争もない、真に平等で自由な人間関係からなる共同社会』として描いているのは、社会のこうした発展方向を示したものです」（不破『報告集 日本共産党綱領』一六六～一六七ページ、二〇〇四年 党出版局）。

★ マルクスによる過渡期の意義づけ マルクスの理論では、社会主義的変革から国家の死滅にいたる過程を、「過渡期」と呼んでいます。ですから、党綱領第一五節のうち、「自由と民主主義が花開く社会」と題して説明してきた部分は、この過渡期についての解説だということになります。

マルクスは、『資本論』第一部（一八六七年）を執筆した段階では、まだ過渡期の提起はしていませんでしたが、のちに、新しい結合的生産様式の確立には、労働者階級の自己改造をふくむかなり長期の過程が必要だと考えるようになり、「ゴータ綱領批判」（一八七五年）で、はじめて、この時期を「過渡期」として意義づけました。

「資本主義社会と共産主義社会とのあいだには、一方から他方への革命的転化の時期がある。その時期にまた政治的な過渡期が対応するが、この過渡期の国家はプロレタリアートの革命的執権［ディクタトゥール］以外のなにものでもありえない」（古典選書『ゴータ綱領批判／エルフルト綱領批判』四三ページ）。

「プロレタリアートの執権」というのは、五九ページの「注」で説明したように、「社会主義をめざす権力」の階級的な特徴づけです。

次は、国家の死滅が長期にわたる過程となるのはなぜか、という問題です。

「階級がなくなっても、国家がすぐにはなくならず、長期にわたる死滅の過程が必要になるのは、なぜか。

社会主義・共産主義の社会でも、社会を維持してゆくためには、一定のルールが必要であり、最初の段階では、このルールを維持するために、国家という強制力が必要になります。国際関係を別とすれば、共同社会が成熟して、強制力をもった国家の後ろだてがなくても、社会的ルールが守られるような社会に発展する、ルールが社会に定着して、みんなの良識でそれが守られる、そういう段階にすすめば、国家はだんだん死滅してゆくだろう、マルクスがたてたのは、こういう見通しでした。

いったいそんな社会が可能だろうか。私は、その一つの実例として、日本共産党という〝社会〟をあげてみたい、と思います。これは、四十万人からなる小さい規模ですが、ともかく一つの〝社会〟を構成しています。そして、規約という形で、この〝社会〟のルールを決めています。そこには、指導機関とか規律委員会などの組織はありますが、国家にあたるもの、物理的な強制力をもった権力はいっさいありません。この〝社会〟でルールが守られているのは、この〝社会〟の構成員が、自主的な規律を自覚的な形で身につけているからです。ルール違反があれば、処分をうけますが、その処分も、強制力で押しつけるものではありません。

強制力をぬきにして、ルールが自治的なやり方で、守られているのです。

同じことは、集合住宅の自治会や、地域の自治会などの活動についても、いえるでしょう。そこで、ルールが守られるというのは、ルールを守ることが、その小社会を維持するために必要だということをお互いに自覚しあっているからです。ここでも、自治的なやり方で社会のルールは維持されます。

国家の死滅ということは、ルールなき社会、無政府的な社会になることではありません。国の権力によるルールの維持ではなく、ルールが自治的、自覚的に守られる社会に発展すること、これが、私たちが将来の目標としている『国家権力そのものが不必要になる社会』なのです」（『報告集　日本共産党綱領』一六七〜一六九ページ）。

「古典家たち」の考察から

この時の「質問・意見への回答」では、マルクス、エンゲルスがおこなった理論的努力について、次のようなことも指摘しました。

「古典家たちは、そういう展望が人間社会のどういう発展によって現実のものになるかについて、いろいろな考察をおこなっています。なかでも、彼らが重視したことは、社会の新しい条件が新しい人間を生む、ということでした。社会主義的変革がおこなわれてから幾世代もたって、搾取という制度があったことも、人間が人間を抑圧するという無法があったことも、昔話になるような時代になりますと、社会像についての単純な予想はもちろんできないことですが、人間そのものの新しい成長・発展があることは、まちがいないでしょう。先輩たちは、そういうことを全部ふくめて、国家のない社会を展望したわけです」（同前一六九ページ）。

最後に、未来社会の展望をめぐる「先輩たち」のそういう努力の中から、マルクスが晩年のノートに書き付けた一つの文章を紹介して、この回の結びとすることにします。そこでは、未来社会の自治的性格が、たいへん具体的な実例で示されています。

この文章は、インタナショナルの解体の年に破壊活動の張本人バクーニンが刊行したマルクス攻撃の書『国家制と無政府』（一八七三年）についての「摘要」（抜粋ノート）に、マルクスが書き込んだものです。

〝マルクスは階級支配がなくなれば国家もなくなるというが、数千万の人民全体が政府になるとでもいうのか。もし選挙で代表を選ぶというのなら、国家がそのまま残るではないか〟。

バクーニンのこういう攻撃にたいして、マルクスは、次のような反論を書きつけました。

「選挙の性格は、［選挙という］この名まえにかかっているのではなく、経済的基礎に、選挙人相互の経済的関連にかかっている。これらの機能が政治的であることをやめるやいなや、（一）統治機能は存在せず、（二）一般的機能の分担はなんらの支配をも生じない実務上の問題となり、（三）選挙は今日のような政治的性格をまったく失う」（古典選書『インタナショナル』二六四ページ）。

〝寸鉄、人を刺す〟という言葉がありますが、短い言葉で、バクーニンの混迷にとどめを刺したみごとな回答でした。そこには、国家権力が死滅した未来社会の諸機構の自治的性格が、的確に指摘されているではありませんか。

［連載第三回］

五、多数者革命の路線を固く守って

第一六節は、社会主義・共産主義の社会に進む道筋の問題にあてられています。それは、最初から最後まで「多数者革命」の道、国民多数の合意を得ながら一歩一歩段階的に前進する道です。

「社会主義的変革は、短期間に一挙におこなわれるものではなく、国民の合意のもと、一歩一歩の段階的な前進を必要とする長期の過程である。

その出発点となるのは、社会主義・共産主義への前進を支持する国民多数の合意の形成であり、国会の安定した過半数を基礎として、社会主義をめざす権力がつくられることである。そのすべての段階で、国民の合意が前提となる」。

多数者革命とは、より具体的には、議会の多数を得て、国民多数の合意のもとに社会変革をすすめる革命のことですが、これは、もともとは、一九世紀にマルクスが提唱したものでした。

ただ、マルクスが革命運動に最初に参加した一九世紀の四〇年代には、国民の全体が選挙権をもって議会を選出し、その議会が政治の中心を占めるという民主主義的な政治体制は、ヨーロッパでも、スイス以外に存在しませんでした。だから、マルクスは、ドイツなどでの革命は、フランス革命型の、人民が決起して既成の権力を倒す革命となると想定していました。ただその時期にも、当時、イギリスで、労働者階級に選挙権を与えよ、という普通選挙権獲得運動（チャーティスト運動）が高まっていることに注目し、この運動が成功したら、イギリスの労働者階級は、選挙と議会を通じて政権を得ることができるという見通しを、声明や新聞論説でくりかえしたものでした［★］。

★「在ブリュッセル・ドイツ民主主義＝共産主義者からファーガス・オコナー氏へのあいさつ」（マルクス、エンゲルス　一八四六年、全集④二三～五ページ。オコナー氏はチャーティスト運動の指導者）、新聞論説「行政改革協会――［憲章］」（『新オーダー新聞』一八五五年六月八日付、全集⑪二六六～二六七ページ）。

議会を通じての変革が世界的な大道に

マルクスは、イギリスでの選挙権の拡大がかなりの程度まで実現した七〇年代に、今度は、イギリスにアメリカをくわえて、これらの国ぐにでは、選挙と議会を通じての社会変革が可能になったという主張をくりかえし展開しました。

最初は、一八七二年、インタナショナルの最後の大会を終えた後、大会の開催地となったオランダのハーグでおこなった演説です（マルクス「ハーグ大会についての演説」一八七二年、古典選書『インタナショナル』二三八～二四一ページ）。

その六年後の一八七八年九月、ドイツでビスマルク反動政権が、社会主義者弾圧法を帝国議会で強行した時、マルクスは、現地から送られてきた議事録を書き抜きしながら、そこに次のような論評を書き込みました。

「当面の目標は労働者階級の解放であり、そのことに内包される社会変革（変化）である。時の社会的権力者のがわからのいかなる強力的妨害も立ちはだからないかぎりにおいて、ある歴史的発展は『平和的』でありつづけうる。たとえば、イギリスや合衆国において、労働者が国会（パールメント）ないし議会（コングレス）［★］で多数を占めれば。彼らは合法的な道で、その発展の障害になっている法律や制度を排除できるかも知れない。しかも社会的発展がそのことを必要とするかぎりでだけでも。それにしても、旧態［旧体制のこと――不破］に利害関係をもつ者たちの反抗があれば、『平和的な』運動は『強力的な』ものに転換するかも知れない。その時は彼らは（アメリカの内乱やフランス革命のように）強力によって打倒される、『合法的』強力に対する反逆として」(「社会主義者取締法にかんする帝国議会討論の概要」　全集㉞四一二ページ、古典選書『多数者革命』九六ページ)。

★ イギリスとアメリカ　パールメントはイギリス議会、コングレスはアメリカ議会の名称です。ここで、革命の平和的な発展が可能性をもつ国として、マルクスが、共和制のアメリカとともに、君主制のイギリスをあげていることは、興味深い点です。マルクスは、イギリスでの政治生活を現場で多年にわたって観察してきた結論として、選挙権が労働者階級にまで拡大してきた条件のもとでは、この国がそういう可能性をもつ国だという結論に達したのでした。

これは、まとまった論稿のなかでの発言ではありませんが、マルクスが革命理論の上でもより成熟した段階で執筆したものであり、科学的社会主義の革命論の発展のうえで、たいへん重要な意義をもつ文章だと思います。民主的な議会制度を持つ国では、議会の多数を得ての革命が可能だということを、マルクス自身が明言しているのですから。

しかし、当時は、議会の多数を得ての革命が問題になるのは、ヨーロッパでもごく少数の国に限られていました。圧倒的多数の国が君主制で、議会はあっても形だけでしたし、フランスは、一八七〇年に共和制を回復していたものの、パリ・コミューンにたいする残虐な非人道的な攻撃はその共和制のもとで起きたものでした。

それから一四〇年たって、世界の様子は一変しました。資本主義世界には、共和制の国もあれば君主制の国もありますが、大多数の国に国政を動かす権限をもった民主的な議会制度が存在しています。一八七〇年代に、マルクスがきわめて限定した国ぐにについて認めた議会的な道が、今日では世界的な意義を持つ大道になっているのです。

党綱領の革命路線の特徴――段階的発展と多数者革命

日本共産党綱領の革命路線には、以前から、資本主義世界でも独自の路線と評された大きな特徴があります。「段階的発展」と「多数者革命」という二つの特徴です。

「段階的発展」というのは、将来をあせって急がず、情勢の熟した国民的課題を一段一段解決しながら進むということです。そして「多数者革命」というのは、発展のどの段階も、国民の合意のもとに前進するという路線です。

日本は高度に発達した資本主義国の一つですが、だからと言って、社会主義革命の戦略をとらず、当面する革命の性格を「異常な対米従属と大企業・財界の横暴な支配の打破――日本の真の独立の確保と政治・経済・社会の民主主義的な改革の実現を内容とする民主主義革命」と規定したのも、その路線を鮮明に表したものです。

半世紀以上も昔の話になりますが、この問題では、世界の共産主義運動のなかで、ソ連を中心とする多数派と、大論戦をしたことがあります。

一九六〇年に世界の共産党・労働者党の国際会議が開かれたことがあります。第二次世界大戦後、最初で最後となった国際会議です。参加したのは八一カ国の党、そのうち、六九党が資本主義世界で活動している党でした。

まず予備会議が開かれ、そこで共同声明の準備をしたのですが、原案がソ連を中心に準備されており、そこでは、発達した資本主義国での当面の任務は一律に「社会主義革命」とされていました。宮本顕治書記長(当時)を団長とするわが党の代表団は、発達した資本主義国でも、社会変革の運動はそんな一律の形態で進むものではない、民主主義革命からの段階的発展が必要な場合もある、と反論を展開し、大論戦の結果、最後には、日本側が提出した修正案を共同声明にとりいれさせることに成功しました。これは、会議全体のなかでも、きわだった論戦となりました。なにしろ、当時、ソ連は共産主義運動のなかで、圧倒的な支配力をもっていて、資本主義国の六九の党のなかでも、ソ連の支配をうけつけない自主独立の党は、日本共産党だけという状態でしたから。

第八回党大会(一九六一年)で、党綱領にこの段階的発展の路線を明記するまでには、こういう国際的論戦の歴史もあったのです。

日本共産党との統一戦線に反対する勢力は、反対の理由として、私たちが、大きな将来目標をもっていることを、よく問題にします。七〇年代の公明党もそうでした。〝共産党と当面の一致点での共闘に応じると、エスカレーターのように、先の先までもっていかれる〟。これが彼らのお決まりの言い分でした。しかし、党綱領を貫いている段階的発展の路線は、こんな言い分を最初から打ち砕いているのです。

当時から四〇年たった今、野党共闘反対論者は、この古臭い議論をまたもや持ち出しています。これに対しても、段階的発展という党綱領の路線が最大の反撃となっていることを強調しなければなりません。私たちは、社会と政治の段階的発展を展望していますが、どんな場合でも、国民多数の合意なしに次の段階に足を踏み出すことはしない、これがわが党の原則的立場だということです。

党綱領は、社会主義への前進の過程でも段階的発展と多数者革命の路線をまもることを、明記しています。この章の冒頭で引用したように、「そのすべての段階で、国民の合意が前提となる」と党綱領は規定しています。これは、たいへん大事な規定です。国民多数の支持を得て「社会主義をめざす権力」が誕生したら、あとは政権まかせで、この権力が社会主義への道を勝手に走る、こういうことが絶対に起こらないように、党綱領は、「すべての段階で、国民の合意が前提となる」ということを、あらためて強調しているのです。

より具体的に言えば、社会主義をめざす改革に足を踏み出す時には、そのことを選挙の公約として国民の審判を仰ぎ、多数の合意を経て初めて最初の一歩を踏み出す、より進んだ改革に進むときにも、選挙による審判を必ず得てから実行する、国民が知らない間に政府が勝手に事を進めることは絶対にしない、こういうやり方で改革を一段一段着実にすすめてゆく、ということです。

国民多数という場合、経済の仕組みを変える社会主義的変革の過程では、経済的立場の異なるさまざまな階層、とくに勤労市民、農民・漁民、中小企業家という階層の人々の利益の尊重と合意形成が重要になります。そのことに成功しなければ、本当の意味で多数者の利益をまもる革命とは言えないからです。

党綱領は、さきの文章に続く部分で、そのことを次のように明記しています。

「日本共産党は、社会主義への前進の方向を支持するすべての党派や人びとと協力する統一戦線政策を堅持し、勤労市民、農漁民、中小企業家にたいしては、その利益を尊重しつつ、社会の多数の人びとの納得と支持を基礎に、社会主義的改革の道を進むよう努力する」。

六、挑戦と開拓の過程で

党綱領は、第一六節の後半で、次のように述べています。

「日本における社会主義への道は、多くの新しい諸問題を、日本国民の英知と創意によって解決しながら進む新たな挑戦と開拓の過程となる」。

ここで「新たな挑戦と開拓」というのは、日本にとってというだけの意味ではありません。発達した資本主義国で社会主義への道を開くという事業は、世界的に見ても、現実の前例がないことであり、そういう覚悟と意気込みで臨むべき事業だということを、ここで指摘しているのです。

「生産手段の社会化」。その形態は将来の探究の課題

党綱領は、そのなかで、とくに注意を向けるべき二つの点を提起しています。

第一は、「生産手段の社会化」がどういう形態をとるかという問題です。

「(1) 生産手段の社会化は、その所有・管理・運営が、情勢と条件に応じて多様な形

態をとりうるものであり、日本社会にふさわしい独自の形態の探究が重要であるが、生産者が主役という社会主義の原則を踏みはずしてはならない。『国有化』や『集団化』の看板で、生産者を抑圧する官僚専制の体制をつくりあげた旧ソ連の誤りは、絶対に再現させてはならない」。

党綱領は、この文面から明らかなように、「生産手段の社会化」の具体的な形態については、特別の規定をせず、将来の探究の課題だとしています。

この探究にあたって重要なことは、党綱領が、「生産者が主役」という社会主義の原則を踏みはずしてはならない、としていることです。

マルクスは、未来社会を論じる時、その生産様式を「結合的生産様式」としばしば呼び、そこでは「結合した生産者」が生産の主体になると語りました。「結合した生産者」とは、労働者たちが、共同して工場を動かす主役になることを表現するマルクス独特の言葉です。この体制を実現するのに、「社会化」のどういう形態がふさわしいのか、ここに探究すべき大きな問題があります。私たちは、「社会化」即「国有化」という立場は取らず、具体的状況にあった諸形態を、意欲的に、また創意をもって探究することが必要だと考えています。

旧ソ連が存在した時代には、ここでは、生産手段の社会化が実現されていると、大いに宣伝されました。確かにそこには、工業分野では「国有化」があり、農業分野では「集団化」がありました。しかし、そこでの主役は、労働者でも農民でもなく、スターリンやその後継者たちが頂点に立つ専制的官僚機構でした。

党綱領は、「旧ソ連の誤りは、絶対に再現させてはならない」としていますが、この部分の理解のために、ソ連崩壊後に最初に開いた党大会・第二〇回党大会（一九九四年七月）での「日本共産党綱領の一部改定についての報告」の関連部分を、ここで紹介しておきます。

「社会主義とは『生産手段の社会化』だとよくいわれます。わが党の綱領にもそのことは明記されています。では『社会化』とはなにかと言えば、生産手段を社会、すなわち人民の手に移すことであります。生産手段を国有化しさえすれば、それが『社会化』だというわけにはゆかないのです。国有化が生産手段を人民の手に移す形態、手段となるか、少なくともそれに接近する一形態となるかどうか、ここに肝心な問題があります。

第20回党大会で、「党綱領の一部改定についての報告」を行う不破委員長（当時）＝1994年7月19日、静岡県熱海市

ですからレーニンは、十月革命の最初の段階から、経済生活の全国的な管

理と運営に人民が参加できる条件をつくりだすことを、社会主義への道の決定的な問題として強調しつづけたのです。彼が、晩年の探究のなかで、いわゆるネップ（新経済政策）［★1］に到達したさい、人民の文化的知的水準の向上に特別に力をいれたのも、人民の多くが字も読めない、文化がないような状態では、人民が経済の管理に参加する基礎がきずけないという、強烈な目的意識にもとづいてのことでした。

ところがスターリンは、三〇年代に、工業でも農業でも、レーニンのこの方針を完全に投げすてました。スターリンの指導と命令のもとに強行された農業の『集団化』なるものは、農民の自発的な意思による協同組合化という科学的社会主義の大原則をふみにじって、農民を強制的にコルホーズ［★2］などに追いこんだものであり、農民は、国内の移動や旅行の自由さえもたない、極端に隷属的な生活条件のもとにおかれました。しかもそれは、シベリアその他への数百万の農民の追放をともなっていたのです。工業でも、革命の初期に重視された経済管理への労働者、労働組合の参加の制度は失われ、労働者は賃金など自分の労働条件の問題についての交渉の権利さえ大幅に制限されたり奪われたりしたうえ、人権を侵害する過酷な労働制度が強権をもって導入されるようになりました。

たしかに形のうえでは、『国有化』もあれば『集団化』もありましたが、それは、生産手段を人民の手に移すことも、それに接近することも意味しないで、反対に、人民を経済の管理からしめだし、スターリンなどの指導部が経済の面でも全権限をにぎる専制主義、官僚主義の体制の経済的な土台となったのです。

さらに、スターリン以後［★3］のソ連社会の重大で深刻な実態は、囚人による強制労働がおそるべき規模で存在しつづけたことであります。最初は、農村から追放された数百万の農民、つづいて大量弾圧の犠牲者たちが、絶え間ないその人的供給源となりました。……

みなさん、社会主義とは人間の解放を最大の理念とし、人民が主人公となる社会をめざす事業であります。人民が工業でも農業でも経済の管理からしめだされ、抑圧される存在となった社会、それを数百万という規模の囚人労働がささえている社会が、社会主義社会でないことはもちろん、それへの移行の過程にある過渡期の社会などでもありえないことは、まったく明白ではありませんか」（『前衛』一九九四年九月臨時増刊、一一三〜一一五ページ）。

★1　**ネップ**（新経済政策）　ソビエト・ロシアで、レーニンの指導のもと、一九二〇年三月に採用された経済政策で、それまでの〝戦時共産主義〟の政策から市場経済のもとで社会主義をめざす道に転換しました。一〇年後にスターリンによって中絶させられました。

★2　**コルホーズ**　スターリン時代にソ連農業で採用された集団農場の形態。

★3 「スターリン以後」「スターリンおよびそれ以後」と読んでください。

市場経済の積極的活用

第二は、市場経済の積極的活用の問題です。

「(2) 市場経済を通じて社会主義に進むことは、日本の条件にかなった社会主義の法則的な発展方向である。社会主義的改革の推進にあたっては、計画性と市場経済とを結合させた弾力的で効率的な経済運営、農漁業・中小商工業など私的な発意の尊重などの努力と探究が重要である。国民の消費生活を統制したり画一化したりするいわゆる『統制経済』は、社会主義・共産主義の日本の経済生活では全面的に否定される」。

社会主義をめざす過程で市場経済を活用するという問題は、歴史的には、レーニンが、一九二〇年、ロシアが内戦から脱け出したときにはじめて提起した問題でした。その後、第二次世界大戦後に社会主義をめざす道に足を踏み出した国ぐにでも、ベトナムでは一九八六年に、中国では、一九九二年に、経済建設の過程で市場経済の導入を決定しました。これらの国々の場合の共通の特徴となっているのは、いったん市場経済をしめだした後で、市場経済を復活させる方針に転換したことです［★］。

★ レーニンの市場経済論　レーニンは、干渉戦争からぬけだした革命ロシアで、一九二〇

中国の学者・研究者を前に学術講演をする不破哲三議長（当時）＝2002年８月27日、北京市

年、ネップ（新経済政策）で市場経済を導入しました。そのさいのレーニンの見解と方針については、不破『レーニンと「資本論」』の「⑦最後の三年間」（二〇〇一年、新日本出版社）のなかで、立ち入った研究をおこないました（「第三三章　新経済政策」八九～一九六ページ）。そのなかで、中国とベトナムでの市場経済導入の経過についても、かなり詳しい紹介をしています（「補論　新経済政策をめぐるベトナム共産党との対話」一九〇～一九六ページ）。

　また、二〇〇二年に中国を訪問したさい、中国社会科学院で、「レーニンと市場経済」と題する学術講演をおこない、「市場経済を通じて社会主義へ」という路線をめぐる理論問題を検討しました（不破『「資本論」全三部を読む』第一冊、二〇〇三年と『激動の世界はどこに向かうか――日中理論会談の報告』二〇〇九年所収。両書とも新日本出版社）。

　日本の場合は、状況がまったく違っていま

す。社会変革は、資本主義的市場経済が支配しているなかではじまるのです。変革が始まる時点では、主要な生産部門のすべてが市場経済の中で活動しています。社会主義的改革とともに、そこに、社会主義的生産部門、あるいは社会主義への方向性をもった部門が、いろいろな形態で生まれるでしょう。そして、共通の市場経済のなかで、新しく生まれた社会主義的部分と、従来から活動してきた資本主義的部分とが共存し、協力関係も発展するが、優劣が争われもする。こうして、社会主義的部分の優越性が実証される過程をへて、社会主義への道が日本経済のなかでより大きな比重を獲得してゆく。その変化は一律に進むものではなく、前進もあれば後退もありえますが、そういう多面的な経験をふくめて、その道すじの全体が「市場経済を通じて社会主義へ」という特徴をもつことになるでしょう。

そこで、どのようにして、社会主義に向かう経済活動の計画性と市場経済を結びつけるのか、農漁業や中小商工業などの発展をどうはかり、社会主義の未来展望と結びつけてゆくのか。そこには、知恵と努力を尽くすべき多くの問題があると思います。

なお、党綱領のいまの引用の最後の部分で強調しているように、「計画経済」を、国民の消費生活を規制する「統制経済」に変質させてはならない、という点は、この過程の全体をつらぬく大原則とすべきことです。

七、二一世紀の世界的発展を展望する

党綱領は、最後の第一七節で、「社会主義・共産主義への前進の方向を探究することは、日本だけの問題ではない」とし、目を世界に広げて二一世紀の時代的特徴を指摘しています。

「二一世紀の世界は、発達した資本主義諸国での経済的・政治的矛盾と人民の運動のなかからも、資本主義から離脱した国ぐにでの社会主義への独自の道を探究する努力のなかからも、政治的独立をかちとりながら資本主義の枠内では経済的発展の前途を開きえないでいるアジア・中東・アフリカ・ラテンアメリカの広範な国ぐにの人民の運動のなかからも、資本主義を乗り越えて新しい社会をめざす流れが成長し発展することを、大きな時代的特徴としている」。

これは、世界を大きく三つの地域に分けて、二一世紀という巨視的な視野で、それぞれの地域の時代的な発展方向を示した文章です。ここでは、現在の時点に立って、各地域の特徴的な問題点を指摘しておきましょう。

発達した資本主義諸国での社会変革の運動

（1）発達した資本主義諸国では、二〇世紀に多くの国で社会変革の運動の先頭にたっていた共産党・労働者党の運動が、ソ連の崩壊とともに、その力を失う状況が生まれました。原因は、ソ連崩壊の余波というよりも、それらの党が政治的にも理論的にも自主独立の立場にたたず、ソ連の支配下にあったという事実にありました。

一方では、資本主義世界の経済的・政治的矛盾は、ますます深刻化の度合いを深めており、社会進歩の方向で、この事態からの脱出をめざす人民的、民主的な運動が、国ごとにさまざまな形をとりながら、新しい波を起こしつつあるのも、今日の資本主義世界の注目すべき動きとなっています。

この状況は、ある意味では、一九世紀にマルクスがインタナショナルで活動した時代と共通するものがあるといってよいかもしれません。あの時代には、その運動のなかから、時間をかけて、社会主義を意識的にめざす運動や政党が誕生していったものでした。

私たちは、昨年（二〇一七年）一月の第二七回党大会で、資本主義世界における他国の運動との連帯関係について、歴史的に親しい関係にある共産党との関係だけでなく、アメリカやヨーロッパのさまざまな運動との連帯を打ち立て深める決定をおこないました。そういう活動を含めて、私たちは、資本主義世界での社会変革の流れを発展させる努力を、さらに強めたいと思っています。

「わが党は、前回大会後、欧州の諸党との交流の強化に努めてきた。フランス、ポルトガル、スペイン、ドイツ、チェコなどの共産党・左翼党との交流にくわえて、ギリシャやスペインなどの進歩的政党との交流が始まっている。欧米で注目すべき社会変革の動きが起こるもとで、欧米の進歩的勢力との交流と連帯を抜本的に強化する。発達した資本主義国でのたたかいを相互に交流し、教訓を学びとることは、日本の社会変革の運動を豊かに発展させるうえでも、世界での進歩的運動の発展のうえでも、大きな意義をもつ」（『前衛』二〇一七年四月臨時増刊、二六ページ）。

社会主義をめざす過程での問題点

（2）社会主義をめざす国は、世界の政治・経済の中での比重をいよいよ増大させていますが、そこにはらまれている問題点もまた大きくなっています。この地域の前途を考えるときには、比重の増大という側面だけでなく、問題点についても注意深い態度をとる必要があります。

わが党は、外国やその国の党の内部問題に干渉する態度をとるものではありませんが、国際的に重要な意味を持つ問題については、その国の党に申し入れを行ない、必要な場合には、そのことを公表してきました。中国の場合でいうと、その問題点としては、国際活動における大国主義の危険が最近いよいよ色濃くなっていること、国民のあいだでの自由と民主主義が実現されていないことを、挙げなければならないでしょう。

中国共産党との間では、毛沢東の日本共産党への攻撃宣言（一九六六年）以来、三二年にわたって関係が断絶していましたが、一九九八年、中国側が干渉行為への真剣な反省を表明したことを基礎に、両党関係が正常化しました。その直後、最初に開かれた両党会談で、私は、自由と民主主義の問題を取り上げ、体制批判の言論に対しては、禁止や弾圧ではなく、言論をもって答えるべきだということを、レーニンの先例も示しながら提起しました。しかし、中国側は、天安門事件の弁明をしただけで、基本的な設問そのものには答えませんでした［★］。

この問題は、社会主義の本来の精神とは両立しがたいもので、その後、深刻さをいよいよ増していると見ています。

★　一九九八年七月二〇日の胡錦濤政治局常務委員との会談（『日本共産党と中国共産党の新しい関係』一〇一、一〇七ページ　新日本出版社）。

大国主義の危険では、日本との関係もふくめた領土問題や、核兵器問題に対する態度、さらには日本共産党も参加した国際会議の運営の問題で、大国主義の再現として見過ごすわけにはゆかない状況が起きています。これも社会主義の精神に反する重大な問題であって、私たちは、問題が起こるごとにそのことを指摘してきましたが、昨年の党大会では、事態の深刻さにてらして、次のような評価を表明しました。

「前大会決議は、『社会主義をめざす新しい探究が開始』(党綱領)された国ぐににについて、『覇権主義や大国主義が再現される危険もありうるだろう。そうした大きな誤りを犯すなら、社会主義への道から決定的に踏み外す危険すらあるだろう』と指摘した。中国にあらわれた新しい大国主義・覇権主義が今後も続き、拡大するなら、『社会主義への道から決定的に踏み外す危険』が現実のものになりかねないことを率直に警告しなくてはならない。

中国は、戦後、『平和五原則』(一九五四年)や『バンドン平和十原則』(一九五五年)など、国際政治の重要な民主的原則の形成に関与してきた国である。それだけに、これらの原則の否定ともなる大国主義、覇権主義の誤りを真剣に是正し、国際社会の信頼をえる大道に立つことを求めるものである」(『前衛』二〇一七年四月臨時増刊、二二ページ)。

私たちは、二一世紀の実りある前途を開くためにも、この地域に起こる諸問題に、引き続き深い注意をはらってゆく必要があります。

国際政治とアジア、中東、アフリカ、ラテンアメリカ諸国

（3）アジア、中東、アフリカ、ラテンアメリカ諸国では、それぞれの国にいろいろな困難があり、前進現象もあれば、後退現象もありますが、かつて植民地・従属国として世界政治の枠外の存在とされてきたこれらの国ぐにが、植民地の解放によって独立国家の大集団に変わり、世界政治の広大な一角を占めるようになったことは、世界の将来にとって、たいへん大きな意義をもっています。

二〇一七年は、核兵器禁止条約の成立によって、世界平和の前途にかかわるたいへん重要な年となりましたが、この条約は、これらの諸国の全地域的な同意がなかったら、成立しなかったでしょう。実際、この条約に賛成した一二二カ国の圧倒的部分がアジア、中東、アフリカ、ラテンアメリカ諸国でした［★］。

★　**一二二カ国の地域的内訳**　核兵器禁止条約を決定した国連会議で、条約を支持した一二二カ国の地域別の内訳は、次の通りです。

アジア＝一六カ国　太平洋＝一〇カ国　中東＝一四カ国　中米・カリブ海＝一八カ国　南米一二カ国　アフリカ＝四二カ国　欧州＝一〇カ国（この数字のうち、アジアにはベトナ

ム、中米・カリブ海にはキューバなど、「社会主義をめざす国」が入っています）。

このことは、これら諸国が二一世紀の世界の流れを形成するうえで、きわめて大きな役割を担っていること、この地域に平和と社会進歩を求める大きなエネルギーが存在していることを、あらためて示したのでした。

以上、三つの地域の状況を概観してきましたが、世界的にも大きな激動と波乱が予想される二一世紀です。党綱領の規定を頭に置きながら、いつも広い視野を持って、世界を見てゆこうではありませんか。

党綱領は、次の、力強い文章で全体の結びとしています。

「日本共産党は、それぞれの段階で日本社会が必要とする変革の諸課題の遂行に努力をそそぎながら、二一世紀を、搾取も抑圧もない共同社会の建設に向かう人類史的な前進の世紀とすることをめざして、力をつくすものである」。

八、「未来社会」から現代を見ると

党綱領第五章の未来社会論を、節を追って全体的に読んできました。最後の節にあるように、未来社会の建設は、二一世紀の全体にかかる大事業です。そこでの努力が足りなければ、その仕事が二二世紀に引き継がれることも、当然、ありうることです。

未来社会の壮大な展望に触れて、自分たちのいま現在の活動が、人間の歴史のそういうすばらしい将来につながっているのかと、いっそう心を躍らせる方もいるでしょうが、逆に、〝それでは、自分が生きている時代には、間に合いそうもない〟と落胆する方もいるかもしれません。

実は、マルクス、エンゲルスが活動していた時代、一九世紀の七〇年代のドイツで、そういうことが問題になったことがありました。

ドイツの社会主義政党のなかで、デューリングという人物のニセ〝社会主義〟の理論が流行し、かなりの幹部がそれに迷わされたことがありました。

その人物が未来社会を論じて、こんなことをいったのです。〝将来の人類から見ると、現代は、「精神的に未熟で幼稚な」時代、「太古」の時代と評価されるに違いない〟。

これを読んだエンゲルスは、党機関紙『フォールヴェルツ』に連載していた『反デューリング論』(連載は一八七七年一月~七八年七月)のなかで、次のような痛烈な反論を書きました。

「この『太古』は、いかなる場合にも、将来のすべての世代にとって、つねにきわめて興味深い歴史上の一時代たることを失わないであろう……。なぜなら、この時代は、それ以後のいっそう高度な発展全体の基礎をなすものだからであり、また、動物界からの人間の分離をその出発点とし、協同社会に結合した未来の人間が二度とけっして遭遇することのないような、さまざまな困難を克服していった経過をその内容としているからである」(全集⑳一二〇ページ、古典選書『反デューリング論・上』一六五ページ)。

1877年、57歳のエンゲルス。この頃、『反デューリング論』をドイツの党機関紙『フォールヴェルツ』に連載していました

現代に生きる人間は、「未来の人間がけっしてふたたび遭遇することのない」多くの困難を乗り越えて道を開いた開拓者だ、そういう世代の活動を将来世代の

人びとは、大きな興味と敬意をもってふりかえるだろう――エンゲルスのこの言葉には、未来をひらく開拓の事業の人類史的な意義が、実に生き生きと描かれているではありませんか。

そして、その精神を持っていたからこそ、マルクスもエンゲルスも、資本主義社会自体が現代から見るならばまだごく若い体制だった時代に、開拓者の精神で、未来社会をひらく理論と運動に力をつくしたのでした。私たちも、同じ開拓者の精神で、党綱領を指針に、日本と世界の未来につながるこの事業に、一層の力をつくそうではありませんか。

不破哲三（ふわ　てつぞう）
1930年生まれ。東京大学理学部物理学科卒業（53年）。日本鉄鋼産業労働組合連合会本部書記を経て、64年より日本共産党中央委員会で活動、書記局長、委員長、議長を歴任。その間、69年より2003年まで衆議院議員（連続11期）。現在、党常任幹部会委員、党社会科学研究所長。
主な著書：『古典教室』（全3巻）、『「資本論」全三部を読む』（全7冊）、『古典への招待』（全3巻）、『マルクス、エンゲルス　革命論研究』（上・下）、『古典研究　マルクス未来社会論』、『日本共産党史を語る』（上・下）、『スターリンと大国主義』、『日本共産党にたいする干渉と内通の記録』（上・下）、『スターリン秘史』（全6巻）、『現代史とスターリン』（共著）、『「科学の目」で日本の戦争を考える』、『文化と政治を結んで』（新日本出版社）
『報告集・日本共産党綱領』、『党綱領の理論上の突破点について』、『党綱領の力点』、『「資本論」刊行150年に寄せて』（党出版局）
『マルクスは生きている』（平凡社新書）、『私の南アルプス』（山と溪谷社）、『不破哲三　時代の証言』（中央公論新社）、『一滴の力水』（共著、光文社）、『歴史教科書と日本の戦争』（小学館）、『マルクスと友達になろう——社会を変革する学び』（民青同盟中央委員会）

党綱領の未来社会論を読む

2018年9月5日　初　版

著　者　不　破　哲　三
発　行　日本共産党中央委員会出版局
〒151-8586　東京都渋谷区千駄ヶ谷4-26-7
TEL 03-3470-9636 / mail : book@jcp.or.jp
http://www.jcp.or.jp
振替口座番号　00120-3-21096
印刷・製本　株式会社光陽メディア

ISBN978-4-530-04415-4 C0031　Printed in Japan